W I Z A R D

株式投資完全入門

銘柄 ▶ 潜在力 ▶ 財務 ▶ 事業評価 がわかる

銘柄選択の極意

The Little Book of

Investing Like the Pros

Five Steps for Picking Stocks

by Joshua Pearl, Joshua Rosenbaum

ジョシュア・パール、ジョシュア・ローゼンバウム［著］
長岡半太郎［監修］ 藤原玄［訳］

Pan Rolling

The Little Book of Investing Like the Pros : Five Steps for Picking Stocks
by Joshua Pearl, Joshua Rosenbaum, foreword by Howard Marks

監修者まえがき

本書は、ジョシュア・パールとジョシュア・ローゼンバウムの共著である〝The Little Book of Investing Like the Pros : Five Steps for Picking Stocks〟の邦訳である。見かけとは少々異なり本書は初心者向けの入門書というよりも本格的な解説書であり、資産運用のプロフェッショナルと同じプロセスで株式投資を行う方法が記されている。こうした切り口はとても斬新なものだが、ここでの著者らの姿勢は至って謙虚で、投資プロセスを簡略化して考察することについても、「議論の余地はあるのかもしれない」と述べている。しかし、この形式での解説は実際とても良くできていると感心せざるを得ない。

本書では、①アイデアを創出する、②最良のアイデアを見つける、③事業と財務のデューデリジェンス、④バリュエーションとカタリスト、⑤投資判断とポートフォリオ管理――に分けて投資プロセスが記述され、汎用の解説と実際の投資例であるデルファイのケースを提示することで分かりやすく話が進んでいく。

おそらく、ほとんどの一般投資家は（実はかなりの割合の機関投資家も）、これらすべてをきちんと明示的に意識して実行できてはいないだろう。これら五つのステップはそれぞれがとても重要で、しかも互いに独立して検討・実行すべき内容を含んでいるが、人は自分の興味のあるところや得意なところ（例えば、アイデアの思いつきや銘柄選定）には時間や労力を割くが、そうでないところは意識が及ばないか、あえて無視をする。

だが、本当のプロフェッショナルとアマチュアを分けるのは、事業評価（企業評価）の側だけではなく、その資本構造に基づいて事業キャッシュフローの分配について考えることや、投資対象群をポートフォリオとして管理していく技術などにある。本書では、そういった一般的にはあまり光が当たらないが、実は資産運用において極めて重要な過程について、投資書籍としては珍しくきちんと言及されている。

最後に、翻訳にあたっては以下の方々にお礼を申し上げたい。藤原玄氏には正確な翻訳を行っていただいた。そして阿部達郎氏には丁寧な編集・校正を行っていただいた。また、本書が発行される機会を得たのは、パンローリング社の後藤康徳社長のおかげである。

二〇二一年四月

長岡半太郎

目次

第5章
ステップ5 投資判断とポートフォリオ管理
引き金を引くべきときだろうか

「ホロコーストの生還者で忍耐と成功を教えてくれた
祖父ジョセフ・パールとの思い出に」——J・P

「強さと無私を教えてくれたロニー・ローゼンバウム
とのたくさんの思い出に」——J・R

まえがき

ハワード・マークス

二〇一一年、私は『投資で一番大切な20の教え――賢い投資家になるための隠れた常識』（日本経済新聞出版）という本を書いた。投資においては最も重要なことが一つだけということはないので、私は題名に幾ばくかの皮肉を込めたつもりであった。あらゆる投資判断には無数の要素が考慮されなければならず、そのプロセスも詳細かつ広範にわたるもので、系統的でもあり創造的でもあるべきだ。

では、投資を志す者たちはどのようにしてこれらすべての要素について学び、それを自らの方法論に落とし込むことができるのだろうか。ジョシュア・パールとジョシュア・ローゼンバウムによる本書はその点で大いに参考になる。本書によって株式投資を志す者たちはあっという間に学習曲線を駆け上がり始めることであろう。

簡潔に言って、本書ほど投資のプロセスについて完全かつ思慮に富んだオリエンテーションを提供する本を目にしたことがない。本書は、投資家が知っておかなければならないことに関する明快かつ論理的で、きちんと整理された簡潔な入門書である。本書はまず、投資候補を見いだし、その潜在力を評価することから始めている。そして、当該企業の財務状態を調査し、その事業の潜在力の評価へと進む。

次に、見いだされた特性が株価に過大に反映されているか、それとも割安となっているかを評価するという重要な要素へと進む。

さらに、投資家のポートフォリオにおいて株式が担い得る役割を見極める方法についての考えも示されている。本書は全体を通じてこれらの教訓を企業の実例を挙げて説明しているのだ。

本書は、投資というシンプルとは程遠い分野のシンプルな入門書であると思う。投資という競争の厳しい分野において優れたパフォーマンスを上げるためには、最も経験豊富な投資家たちが熟知している基礎的な要素を押さえ、投資家がだれよりも深く理解する場合にのみ成功へとつながる多分に感覚的な事柄に精通することが求められる。

読者はこの前者への取り組み方を学ぶことで、後者について自由に思いを巡らせることができるようになる。本書がやがて読者の進歩を促すであろうことを喜ばしく思っている。本書は下すべき判断を紹介するという素晴らしい仕事をしている。優れた判断を下す術を学ぶことは生涯を通じた魅力的な研究であることに気づくであろう。

（オークツリー・キャピタル・マネジメント共同創業者兼共同会長）

謝辞

本書執筆にあたり助言や情報、多大な助力を提供してくれた数多くの同僚や友人たちに深く感謝している。

ブラフマン・キャピタルの共同創業者であるミッチ・カフリクとロブ・ソーベルには深く感謝申し上げる。長年にわたり投資銀行業務に従事した私（Ｊ・Ｐ）にプロの投資家になるチャンスを与えてくれた。投資の世界への扉を開けてくれたあとも、彼らは長年にわたり私がスキルを高めるのを助け、また賢明なる助言を与えてくれた。彼らの何十年にもわたる経験と知恵は私のキャリア開発にはかけがえのないものである。私と私の家族は二人に足を向けて眠ることはできないのだ。

私（Ｊ・Ｐ）の二人の師、ジェフ・シャクターとミッチ・ジュリスは偶然にも互いをよく知る友人だったのであるが、本書には計り知れない影響を与えてくれた。彼らの支援と励ましがなければ本書は完成しなかったであろう。私はこの二人に倣い、その考え方、行動、生き方をまねようとしてきた。二人とも間違いなく「高潔の人」である。

本書の構想はワイス・マルチストラテジー・アドバイザーズのレイモンド・アジジの助力なくしては形を成すことはなかった。彼の投資に関する洞察力、経験、そして一次調査には千金の値打ちがある。レイはわれわれが知るなかで最も優れたファンドマネジャーの一人であり、三人目の共著者とも言える存在である。そして何より重要なのが、彼はわれわれの親友の一人でもあるのだ。クレディ・スイスのジョセフ・ガスパッロは、最終稿の校正を含む編集作業において重要な役割を果たしてくれた。幅広い人脈を持つジョセフは、何事にもけっしてくじけず、物事を成し遂げる生来の能力を持っている。彼はわれわれにとって長年にわたる真のパートナーである。

バークレイズのブライアン・ジョンソンとクレディ・スイスのダン・レビーの大きな貢献も取り上げたいと思う。二人は株式のリサーチ・アナリストとして高い評価を得ている。彼らの寄与はさまざまな次元にわたり、またゆるぎない情熱と洞察力、そして支援は称賛に値する。

デルファイ・オートモーティブの元CEO（最高経営責任者）であるロドニー・オニールと元会長であるジャック・クロールには、われわれのケーススタディに刺激を与え、ストーリーをつむぐ一助となってくれたことに感謝する。アプティブのCEOケビン・クラーク、会長のラジブ・グプタ、取締役のショーン・マホーニー、ＩＲ担当のエレナ・ロスマンはわれわれの本を社内で検討し、貴重なフィードバックを提供し、細々とした点に誤りがないようにしてくれた。

ディドリック・セダーホルムはデルファイの破綻に関する深い知見を提供し、関係した多くの主要プレーヤーに接触することを可能にしてくれた。共同創業者のエド・ミュールとジェフ・フォルリッツィからなるシルバー・ポイント・キャピタルのチームは、デルファイの背景全般に関する見通しを教えてくれたが、そこには大きな株主価値を生み出すに至る多大なる努力があった。

ジェレミー・ワイスタープは専門的な深い見識を提供し、われわれが複雑なコンセプトを分かりやすく伝える手助けをしてくれた。投資銀行業務に従事した若き日の師であり同僚であるミルウッド・ホッブス・ジュニアは建設的な意見をもたらし、本書が適切な人物たちを取り上げるうえで重要な役割を果たしてくれた。あれから一五年が経過した今でも彼は大切な友人であり、パートナーである。

一〇年以上にわたりわれわれの著作や講座のパートナーを務めてくれているワイリーのチームにも感謝申し上げる。編集者であるビル・ファルーンはわれわれをワイリーのファミリーに招き入れ、絶えずビジョンと支援を与えてくれる。何年にもわたって強いリーダーシップを発揮する彼は今や真の友人なのだ。

発行者のマット・ホルトはわれわれの本を社内的にも対外的にも擁護してくれた。編集と校正を担当してくれたマイケル・ヘントン、スティーブン・キリッツ、マイケル・フリーランド、スーザン・セラ、プルヴィ・パテルは細部にまで気を配り、スムーズな校正を可能にしてくれた。マーケティング・マネジャーであるジャン・カール・マーティンはその創造力と先見性を通じてわれわれのビジョンを形にする手助けをしてくれた。

また、家族や友人たちにも最大限の感謝を申し上げたい。マーシャ、ジョナサン、オリビア、マルゴ、アレックスにはその支援と忍耐そして犠牲に感謝している。あなたたちは、われわれが誇りに思える本を生み出そうと懸命に努力している間、常に私たちの心のなかにあった。

本書を完成させるためにかけがえのない努力をしてくれた人々を次に挙げておく。

レイモンド・アジジ（ワイス・マルチストラテジー・アドバイザーズ）、ナダブ・ベスナー（サウンド・ポイント・キャピタル）、ディドリック・セダーホルム（ライオン・ポイント・キャピタル）、マイミ・チャウ（タイム・ワーナー）、クリストファー・クラーク

（ソロス・キャピタル・マネジメント）、ケビン・クラーク（アプティブPLC）、ジョアン・パブロ・デル・バイエ・ペロチェーナ（オルビエ・アドバンス）、マイケル・エベルソン（キングダン・キャピタル・マネジメント）、ブライアン・フィンガールート（レイモンド・ジェイムズ）、ジェフ・フォルリッツィ（シルバー・ポイント・キャピタル）、ジョセフ・ガスパッロ（クレディ・スイス）、ジョシュア・グラスマン（ゴールドマン・サックス）、グレッグ・グリナー（アイロンウォール・キャピタル・マネジメント）、マイケル・グッディ（シャーフ・インベストメンツ）、スティーブン・ゴードン（J・ゴールドマン・アンド・カンパニー）、マイケル・グローナー（ミレニアム・パートナーズ）、ラジブ・グプタ（アプティブPLC）、ティム・ハニ（ブルームバーグ）、ハン・ヘ（オークツリー・キャピタル・マネジメント）、ミルウッド・ホッブス・ジュニア（オークツリー・キャピタル・マネジメント）、ベンジャミン・ホッホバーグ（リー・エクイティ・パートナーズ）、カル・ハンター（バーンズ・アンド・ノーベル）、ロバート・ジャーメイン（サーチワン・アドバイザーズ）、ブライアン・ジョンソン（バークレイズ）、ミッチェル・ジュリス（キャニオン・パートナーズ）、ジェニファー・クライン（シーケンス・キャピタル）、ジャック・クロール（デルファイ・オートモーティブ）、シャヤ・レシエ（ヤング・ジューイッシュ・

プロフェッショナルズ）、マーシャル・レバイン（GMTキャピタル）、ダン・レビー（クレディ・スイス）、ジョナサン・ルフト（イーグル・キャピタル・パートナーズ）、ピーター・ルポフ（ティブロン・ファミリー・オフィス）、ショーン・マホーニー（個人投資家、アプティブPLC）、デビッド・マリノ（BGC・MINTエクイティ）、デーブ・ミラー（エリオット・マネジメント）、エドワード・ミューレ（シルバー・ポイント・キャピタル）、ラジブ・ナーラング（ハドソン・ベイ・キャピタル）、ジャスティン・ネルソン（J・P・モルガン）、ロドニー・オニール（デルファイ・オートモーティブ）、ダニエル・ライヒゴット（ニューヨーク連銀）、エリック・リッター（ニーダム・アンド・カンパニー）、エレナ・ロスマン（アプティブPLC）、ジェフ・シャクター（クローフォード・レイク・キャピタル）、ハワード・A・スコット（パーク・ヒル・グループ）、フーパー・スティーブンス（サイラスXM）、アンナ・ターベル（トリアン・ファンド・マネジメント）、ジェレミー・ワイスタープ（アリエ・キャピタル・マネジメント）。

免責事項

見解　本書に示されるすべての見解は、出版時点における筆者のものであり、筆者の過去と現在の勤務先、または将来の関係先の見解を示すものではない。本書で示される情報や見解は事前の通告なく変更されることがある。筆者ならびにジョン・ワイリー・アンド・サンズ（以下、「出版社」）は本書で示されるいかなる情報も更新または訂正する義務を負うものではない。

情報提供が目的であり、投資アドバイスを行うものではない　本書で示される情報は一般的な情報提供のみを目的としたものであり、いかなる「投資アドバイス」や「推奨」（投資、財務、会計、税務または法務にかかわらず）、または「販売資料」ととらえられるべきものではない。本書は、株式または投資手法が特定の個人の財政的要請にふさわしいかどうかについての助言または見解を提供するものではない。要請や目標や環境は読者固有のものであり、資格を有する財務アドバイザーが個別に取り組むことが求められよう。

参照や例は説明を目的としたものである　本書で取り上げるすべての例はもっぱら説明を目的としたものであり、いかなる助言を意味するものではなく、また達成することが期待され得る結果を映し出すことを意図していない。本書で取り上げたいかなる企業も、その株式、商標または製品を推奨することを目的にしておらず、またそのようにとらえられるべきではない。

情報の正確性　本書で示す情報は信頼に足る情報源から入手したものではあるが、すべての情報ならびにデータの特定の目的に対する正確性、妥当性、適時性、完全性を保証することはできない。筆者ならびに出版社は、情報の誤りや不正確な記述、またはデータの脱落により読者が被った損失または損害に対していかなる責任も負うものではない。

リスク　投資には元本を毀損する可能性も含めたリスクが伴う。投資家は投資を行う前に自らの投資目的とリスクを注意深く検討すべきである。投資で利益を得られる保証も、損失を被らずに済むという保証も存在しない。すべての投資家は自ら選択したあらゆる類の投資にはリスクが付随することを十分に理解する必要がある。経済的な要素、市場の状況、そして投資戦略はすべてのポートフォリオのパフォーマンスに影響を及ぼし、特定のベンチマークをアウトパフォームする保証は存在しない。

依拠しない　筆者は、本書の内容または情報によって被った損害や生じた費用またはいかなる損失に関して、契約、不法行為、法令上の義務違反などのいずれに起因するものであっても、読者が本書の内容または情報に依拠したものであっても、一切責任を負うものではない。読者が行ったいかなる投資も読者の裁量とリスクに基づくものである。

保証の否認と責任の制限　いかなる場合でも、筆者、出版社、その関係者はいかなる直接的、間接的、特異的、派生的、偶発的損害に対して責任を負うものではない。

本書は他の投資本とどこが違うのか

お気づきであろうが、世の中には膨大な数の投資本が存在する。それらの多くは世界で最も偉大な投資家たちが記したものである。では、なぜわれわれの著書を読むべきなのだろうか。

証券口座による取引、ETF（上場投資信託）、投資信託、または年金積立制度などを通して、直接・間接にかかわらず、株式投資は今まで以上に普及している。それにもかかわらず、個人投資家の大部分は銘柄を選択する方法についてまったく訓練を受けておらず、基本的な金融リテラシーについては言うまでもない。そして、今日に至るまで、彼らの助けになるような、容易に入手でき、理解しやすい情報源が存在してこなかったのだ。本書はその真空地帯を埋めるために書かれたものである。

われわれの銘柄選択の枠組みが持つ簡潔さと使いやすさは本当にユニークなものだと考えている。現実世界の例やウォール街でプロたちが利用しているモデルを用いて、極めて論理的な進め方で一歩ずつ銘柄選択の方法を教授していく。われわれの目標ははっきりしている。つまり、最良のリスク管理手法をもってポートフォリオを守ることと、クオリティーの高い銘柄を見つけるために必要なスキルを伝えることである。

われわれの実践的なアプローチは、理解しがたい投資プロセスを分かりやすく説明する一助となることを目指している。このトレーニングによって、ほとんど目をつむって飛んでいるような多くの投資家から抜きん出ることができるようになるであろう。

航空機パイロットはライセンスを得る前に広範な訓練が求められる。医師は医学部を卒業したあと、何年もの研修期間が必要となる。投資アドバイスを提供するプロたちでさえ認証を取る必要があるのだ。だが、まったくトレーニングを受けていなくてもだれでも株式を買うことはできるのである。直感で株式を買い、祈りの言葉を捧げても、生命の危険こそないかもしれないが、確実に自らの財政状態をリスクにさらすことになるのだ。

ベストセラーとなった前著『インベストメント・バンキング（Investment Banking : Valuation, LBOs, M&A, and IPOs)』では、バリュエーション（評価）とコーポレートファイナンスに関する極めて実践的なことを書いた。段階を追って進めるわれわれのアプローチは幅広い読者の共感を呼び、二〇万部以上を売り上げ、今でも人気を誇っている。一冊目の本は主に投資銀行家に向けたものであったが、プロの投資家からも注目を集めたのだ。

また、ウォール街のバリュエーション技術を理解したいと考えていた初心者投資家からも好意的な反応があった。人気銘柄について家族や友人から意見を求められない日はほとんどなかった。つまり、総体でFAANGと呼ばれる、フェイスブック（FB）、アマゾン（AMZN）、アップル（AAPL）、ネットフリックス（NFLX）、グーグルまたはアルファベット（GOOG）などについてである。人気の質問は、一株当たり一八四八ドルで取引されているAMZNと二〇五ドルのFBとの比較といったもので、株価がより安いFBは割安なのではないか、といった具合である。

これは一つの例にすぎないが、この手の考え方が蔓延していることも本書を認めるもうひとつのインスピレーションとなった。ここで注意。AMZNとFBを利益やビジネスモデル、業績のトレンドやその他主たる指標ではなく、株価に基づいて比較する理由がよく分からない人にとって、本書は間違いなくふさわしいものである。そしてある程度は理解できるとしても、われわれの枠組みは次なるレベルへと成長する一助となろう。

本書では、数多くの経験豊富な投資家の助けを借りて、銘柄選択のための簡潔な五つのステップを展開した。つまり、投資アイデアを集め、最良の機会を見いだし、デューデリジェンスを行い、バリュエーションを割り出し、そして最終的に実行か中止かの判断を下すわけだ。また、ポートフォリオ構築とリスク管理に関する主たる技術も盛り込んでいる。成長の一助となるよう、われわれのウェブサイト（https://investinglikethepros.com/）に、現実世界のバリュエーションや財務モデル、ポートフォリオ管理のテンプレートを掲載している。

われわれの五つのステップの枠組みは十分に再現可能で、ファンダメンタルズに基づくさまざまな投資スタイルに応用できる。最も注目すべきは、バリュー投資、グロース投資、GARP（妥当な価格のグロース株。魅力的なバリュエーションと終始市場の水準を超えるグロースの特性を示している企業群）、ロングオンリー、ロングショート、イベントドリブンまたはスペシャルシチュエーション、そしてディストレスにも適用できることだ。これらすべての投資戦略には、大きな上昇の可能性を秘めながらも、その多くが市場で誤解され、無視され、または過小評価されている銘柄を掘り起こすという共通の目的がある。

投資プロセスを簡略化しようとするわれわれのアプローチは、議論の余地はあるのかもしれないが、今日これまでにないほど条件が平等になっていることに支えられている。歴史的に、情報の入手に関して機関投資家と個人投資家との間には大きな障壁があった。概して個人投資家は必要なデータをどこで、どのようにして入手するのかを知らなかったのだ。

今日、より厳格な情報開示要件とテクノロジーの発展のおかげで、すべての投資家はこれまでにないほど容易に情報に接することができる。情報を確認し、調査し、そしてそれに基づいた投資判断を下すための強力なツールが一般に出回っているのだ。しかし、それらの使い方について適切な訓練を受けることが重要である。そこにこそわれわれの本の存在意義がある。言うなれば、市場で取引されている何千もの上場会社から機会を見いだすための枠組みである。

われわれのテクニックをうまく適用するためには、現実世界で投資判断を下す経験を積みながら微調整を行うことが必要となる。時間をかけて独自のスタイルやアプローチを開発することになるだろうが、必然的に自らの職業人生や個人的な生活からアイデアを借りることになる。往々にして素晴らしい投資アイデアは日々の考察や夢中になっていることからヒントを得るものなのだ。やがて構築されるポートフォリオは、自らの教育や業界での経験、仕事以外の関心事や趣味を反映したものとなることであろう。では、特定の業界での経験があるだろうか。関心のある話題や業界または流行はあるだろうか。

もちろん、これは一連のプロセスの始まりにすぎない。投資家として成功するまでの道のりはけっして容易ではない。次なるステップに進めるかどうかは、自らの多大な努力、判断、そして分析力にかかっている。また初めのうちは間違いを恐れてはならない。結果ではなく、プロセスを改善することに焦点を当てるべきだ。プロたちでさえ、うまくいった投資よりも失敗に終わったそこから貴重な教訓を学んでいる場合が多いのだ。

パッシブ投資華やかなりし世界においては、アクティブ投資の美徳を見直す価値は十分にある。パッシブ投資とはまさにその名のとおり、善かれあしかれ、市場やセクターと同じパフォーマンスを上げることだ。このような投資目的は多くの投資家の事情にかなっている。それゆえ、パッシブ投資が興隆をみたのである。だが、投資家の多くがより優れたパフォーマンスを求めており、それにはアクティブ運用が必要となる。

パッシブ運用では、インデックスファンドやセクターETFに資本を配分するにあたり優れた銘柄もひどい銘柄も等しく取り扱う。常識に従えば、市場を上回るリターンを上げるためには勝者に照準を定め、敗者を回避しようとするのが優れたアプローチとなる。例えば、ｅコマースの発展を前に従来型の小売業は姿を消し始めているが、Ｓ＆Ｐ五〇〇に連動するＥＴＦによってアンダーパフォームしているセクターに投資し続けることになる。それなら、なぜ自然な好奇心や知性、そして本書で紹介するツールを用いてより良い成果を上げようとしないのだろうか。

ここで話を進める前に簡潔なただし書きを。われわれは複雑極まる投資の世界から要点を抽出しようとしているが、われわれにできるのは簡略化だけである。途中、基本的な用語でありコンセプトについては独自に調査したり、復習してもらう必要がある。これは基本的な会計や財務計算についても同じである。適切な投資は相当な努力が必要となるものであり、全力を挙げて取り組むことが求められる。しかし、潜在的な報酬は努力するだけの価値があるものだとわれわれは考えている。

本書の構造

本書は、われわれの枠組みの五つのステップに合わせて五つの章からなっている。全体を通じて現実世界の例を用いることで、そこでのコンセプトに生命を吹き込んでいる。

●5つのステップ

1. アイデアを創出する
2. 最良のアイデアを見いだす
3. 事業と財務のデューデリジェンス
4. バリュエーションとカタリスト
5. 投資判断とポートフォリオ管理

われわれの主たるケーススタディは世界的な自動車部品メーカーのデルファイ・オートモーティブを軸としている。現在同社は二〇一七年一二月（二〇一七年一二月、デルファイ・オートモーティブはパワートレイン部門を非課税でスピンアウトし、二つの独立企業へと分割された。パワートレイン部門はデルファイ・テクノロジーズと改名している。電装全般および電子部品部門とセキュリティシステム部門はアプティブと改名された。詳細は後述する）に行った非課税のスピンアウトによって二つの会社に分割された。今日、それぞれアプティブ（ＡＰＴＶ）とデルファイ・テクノロジーズ（ＤＬＰＨ）として別個に取引されている。

本書を通じ、二〇一一年一一月のデルファイ・オートモーティブのＩＰＯ（新規株式公開）で投資家が直面した投資機会に焦点を当てている。当時から投資していた者たちは二〇一七年に同社が分割されるまでに資金を五倍近くに増やしている。われわれの枠組みを用いながら、時を戻し、この銘柄を発見し、分析し、価値評価し、そして投資する一助となるプロセスを実証していきたいと思う。

デルファイは、リストラクチャリングと事業再生の投資機会の教科書である。二〇〇五年に破産申請する以前、同社のビジネスモデルはバラバラで、費用構造も競争力がなく、また多額の負債にあえいでいた。デルファイは破産したことを生かして、製品ラインを合理化し、競争力のない事業を売却し、製造拠点をコスト効率の最も高い国（ＢＣＣｓ）へと移転したのである。デルファイの主要株主であったシルバー・ポイント・キャピタルとエリオット・マネジメントがこの再生劇で主たる役割を演じ、同社を生まれ変わらせるべくロッド・オニールＣＥＯ（最高経営責任者）や経営幹部たちと協力したのである。「新デルファイ」の再構成された戦略は技術、そして「安全、環境への配慮、相互接続（Safe,

Green and Connected)」の三つのコアテーマを軸としていた。

破産を脱したデルファイは集中特化した製品ポートフォリオ、世界的にも競争力のあるコスト構造、そして再建されたバランスシートを呼びものとしていた。また同社の株主は、価値創出の追及に極めて積極的な層が多かった。時間の経過とともに、これら主要な株主はデルファイの株式が上昇するにつれて自然と売り手に回ることになった。

これら主要株主たちは価値創出計画の一環として、上場会社のCEOたちや自動車業界のベテラン、そして経験豊富な領域専門家（例えば、テクノロジー、人事、資本市場、そしてM&A）からなる世界にも通用する取締役を召集した。デュポンの元会長兼CEOのジャック・クロールが取締役会会長に任命され、重要な役割を果たすことになる。タイコー・インターナショナルの筆頭取締役として同社の企業再建を成功裏に導いた彼の経験が、主要株主たちが彼を会長に選出した主たる要因であった。彼と同僚の取締役たちは経営陣と協力し、資本配分やIPOの準備、投資家との対話などの戦略を練っていった。

また、デルファイは納税地がイギリスとなったために、税制面でも競争力を得ることになった。長期的な景気循環の追い風、堅牢なモート（堀）、改善された財務状態、そして魅力的なバリュエーションなど、要するに投資家が勝つための道筋が幾重にも存在したのである。もちろん考慮すべきリスクもたくさんあった。それでも何を求め、どのように取り組むかが分かれば良かったのだ。

二〇一一年後半、デルファイは一株当たり二二ドルで公開した。その戦略はその後数年にわたって機能し続け、二〇一五年にオニールがその地位をCFO（最高財務責任者）のケビン・クラークに譲るまで続いた。その間、株主に大きな価値を創出すべく数多くの戦略的措置が取られ、最終的に二〇一七年に同社のパワートレイン部門が非課税でスピンアウトされることとなった。

デルファイが二つの会社に分かれる直前の二〇一七年末までに、同社株式は一株当たり一〇〇ドルを超えていた。デルファイのIPOでチャンスをとらまえた投資家は三七五％のリターンを得たことになる。これは、S&P五〇〇が一三％であった時期に年利三〇％を得た計算となる。

銘柄選択に向けたわれわれの五つのステップは次なるデルファイ・オートモーティブを見つける一助となることを目指している。また、株式のポジションを管理する役に立つことを目指してもいる。例えば、二〇一八年、自動車市場は景気後退の兆候を示し始めた。後知恵での議論ではあるが、新たにスピンアウトしたパワートレイン事業のデルファイ・

テクノロジーズは、その地理的転換に関連して自縄自縛に陥ることになった。われわれの初期警戒信号と能動的な監視システムはこのような落とし穴を回避する一助となるよう構築されている。ポジションを手放す、または縮小すべき時期を知ることは、いつポジションを取るか、また拡大するかを決定することに劣らず重要なのである。

ステップ1　アイデアを創出する

第1章のステップ1はプロの投資家がどのようにして投資アイデアを集めているかに焦点を当てる。このプロセスには多大な忍耐と規律が求められる。クオリティーの高い投資機会を見いだすまでに何十、いや何百もの企業を見直すことは珍しいことではない。

本書はボトムアップの投資、つまり魅力的な銘柄を見いだすために企業を第一とするアプローチに焦点を当てている。まずは個別企業に取り組み、そのビジネスドライバー、財務パフォーマンス、バリュエーション、そして将来の見通しと徹底した分析を行う。また、マクロ経済（マクロ）または特定のテーマに基づいて投資機会を探るトップダウンのアプローチについても議論する。主たるトップダウン戦略では、グローバル市場・国内市場やビジネスのトレンドやサイクルを見いだし、そこから利益を得る企業を買うことを主眼としている。反対にその被害者となる企業を回避したり、さらにはショートしたりもする。

経験豊富な投資家は、自らのアプローチでボトムアップとトップダウンの要素を統合していることが多い。ボトムアップの投資家についていえば、重要なマクロや大局的なトレンドに十分な注意を払わないことは危険である。同様に、成功するトップダウンの投資家が個別企業のファンダメンタルズ分析を無視することはない。

ステップ1では、プロの投資家がアイデアを収集する一次情報源について議論する。われわれはまず財務面に改善の余地がある、またはより高いバリュエーションが得られるような割安な企業から始める。次に、合併買収（M&A）、スピンオフや事業売却、リストラクチャリングや事業再生、自社株買いや配当支払い、IPO、さらにはインサイダーによる株式買い付けなど、価値を増大させるようなコーポレートアクションに取り組んでいる企業に焦点を当てる。最後に、新しいアイデアを収集する役に立つよう、実績ある投資家を追跡する方法について説明する。

ステップ2　最良のアイデアを見いだす

最初の調査ではたくさんの潜在的投資機会が出てくることだろう。第2章のステップ2では最良の投資アイデアを見いだすために広範なリストを解析する方法を説明する。ここでは、「コア」なポジションとなるアイデアに焦点を絞るために、個別銘柄を徹底して検証することになる。強力なポートフォリオを船出させるためにはクオリティーの高い銘柄が幾つかあれば十分なのだ。

この選別作業には個別のアイデアを迅速かつ系統だった方法で高度に調査することが必要になる。そのために役に立つ枠組みを提供する。そこでは、投資テーマ、ビジネスモデル、経営陣、リスクと留意事項、そして財務とバリュエーションが中心となる。偽物と「本物」を見分けるためにはこの予備的な分析が必要なのだ。

また、個別銘柄の調査を管理するのに役立つ投資メモのテンプレートも提供する。このテンプレートはわれわれのステップ2の枠組みを視覚化し、複数の企業を容易に比較することが可能となる。

ステップ1で生み出された投資アイデアが多ければ多いほど、精査する作業は難しくなる。時には、一つのアイデアがポートフォリオのゲームチェンジャーとして飛び出してくるかもしれない。だが、たいていの場合、上昇する可能性が最も高いアイデアはそれほどはっきりしたものではない。明らかな外れ値を除外したら、残りの銘柄の徹底的な分析に取り掛かれることになる。

ステップ3　事業と財務のデューデリジェンス

第3章のステップ3ではいよいよ選抜プロセスを生き残る投資機会をさらに掘り下げていくことになる。初期段階の投資に先立ち、さらに徹底的に事業と財務を調査する必要がある。言い換えれば、これは重要なデューデリジェンスの段階である。

事業面については、企業のクオリティーが高いかどうか、または高いクオリティーを持てるようになるかどうかを判断する方法を説明する。これには、コアとなる強みだけでなく投資テーマを台無しにしかねないリスクの検証も含まれる。この作業の多くが定性的なもので、健全な判断と洞察力が求められる。ここでは、特定のビジネスモデルや業界での経験や知識がとりわけ役に立つ。個人的な興味や見立てもまた役に立つかもしれない。

財務面では、企業のトラックレコード、健全性、そして見通しを判断するために主要な財務諸表を徹底的に洗う必要がある。この分析では主要な財務数値を観察し、正当な答えを求めることがその多くを占めることになる。さらに、成長性や利益率、フリーキャッシュフロー（ＦＣＦ）またはバランスシートに関連する重要な弱点を正確に把握することが求められる。また、財務計画モデルの構築方法を示すが、これは第４章のステップ４のバリュエーション作業の基礎となるものである。

もし事業や財務面に安心できないのであれば、その投資はおそらく不適切なのだ。それはそれで問題ない。理解できない、または信頼できない事業に投資したいとは思わないであろう。そして、劇的な改善が望めない脆弱な財務状態の企業に投資したいとは思わないであろう。

ステップ４　バリュエーションとカタリスト

第４章のステップ４では、投資プロセスの主たる構成要素といえるバリュエーションに目を向ける。ここでは、どの企業に価値があるか、割安か割高か、再評価の「カタリスト」

となるものがあるかどうかを判断する必要がある。事業と財務のテストを見事通過した銘柄もバリュエーションのテストには失敗するかもしれない。言い換えれば、現在の株価水準では割高すぎて魅力的なリターンが生み出せないかもしれないのだ。これは「会社は良いが、株式は悪い」罠である。

この章では、あらゆる株式分析のコアとなる主要なバリュエーション手法を教授する。それには、類似会社法やディスカウントキャッシュフロー法といった、市場価値や本源的価値の算出方法が含まれる。また、前例分析、LBO（対象企業の資産を担保とした借入金による買収）分析、または希薄化分析などのM＆Aに関連するバリュエーション手法についても議論する。サム・オブ・ザ・パーツや純資産価値といったもっと微妙な手法もスキルセットの締めくくりとして紹介する。

これらツールの組み合わせを用いることで特定の銘柄の目標株価（PT）が定まるわけだが、それが最終的な投資判断を下すうえで重要となる。さらに、株式の隠れた価値を解き放ち、再評価を促し得る一般的なカタリストについて概説する。進展する経営戦略の一部のような社内的なカタリストもあれば、株主によるアクティビズムや規制の変更が引き金となる社外の出来事がカタリストになるかもしれない。カタリストの主たるものには、予想を上回る業績、M&A、資本還元、借り換え、CEOの変更、そして新製品の導入などがある。

ステップ5　投資判断とポートフォリオ管理

魅力的な投資アイデアを見いだし、デューデリジェンスを行い、当該企業にどれだけの価値があるかを検討した。これらすべてによって最も重要な目標株価が判明した。いよいよ、最終的な投資判断を下すときである。その銘柄は買いか、売りか、要観察か、もしくは見送りか。

買いか売りかの判断を下しても、仕事はそれで終わりではない。引き続き、ポジションを継続して監視しなければならない。新たな展開によって当初の投資テーマが善かれあしかれ大きく変わってしまうかもしれないのだ。効率的な監視を行うには、定期的な見直し、分析、そして基調となる事業に影響を与える出来事による推理などが必要となる。

安定したポートフォリオを構築するために必要となるスキルは銘柄選択にとどまらない。特定の投資目的、戦略、そしてリスク許容度に合わせた銘柄群を選び出さなければポートフォリオ構築は成功しない。つまり、適切な規模のポジションを取り、またそれに優先順位をつけるということである。全体のクオリティー、値上がり期待（可能性のあるカタリストを含む）、そして確信度という点でほかの銘柄よりも上位にランクされる銘柄で大きなポジションを取ることになる。

規律ある投資家はリスク管理手法を用いることで自らのポートフォリオを最適化し、下落リスクをヘッジしている。その主たる手段としては、イクスポージャーの水準に上限を設けること、また損切りや利益確定の基準を設けることなどがある。イクスポージャーの水準では、とりわけ個別のポジションの規模、セクターの集中度、地理的な集中度などに目を向けることになる。またヘッジやポートフォリオのストレステストに関する基本的なテクニックも教授する。

アイデアを創出する どのようにして投資アイデアを見いだすのか

世界中のさまざまな証券取引所に何万という企業が上場している。それゆえ、どこから手をつければよいのだろうか。投資アイデアの調査にはさまざまな形態がある。基本的なレベルでは読むことから始まる……大量に。バロンズ、ブルームバーグ、グランツ、フィナンシャル・タイムズ、ウォール・ストリート・ジャーナルといった金融業界の標準的な媒体にはきちっと目を通し、そこから拡張していけばよい。成功する投資家は世界で起こっていることに注意を払っているのだ。

また調査の目を日々の生活や身の回りの製品やサービスにも向けるべきだ。日々の生活で得た考察をきっかけに優れた投資アイデアを見いだしたという人物の話には事欠かない。人々は何を買っているのか。どこで買い物をしているのか。何を話しているのか。どのウエブサイトを見ているのか。

多くの投資家がボトムアップの方法をとっているが、これは個別企業のファンダメンタルズに焦点を当てるものである。ボトムアップのなかには、一般に広く知られる投資アイデアの源が幾つかある。割安銘柄、「高収益企業」、業務改善や事業再生のストーリー、M&A、スピンオフ、リストラクチャリング、資本還元といったものがそれである。このような機会を評価するには、ビジネスドライバー、財務分析、そしてバリュエーションに関する基本的な知識が必要である。ビジネススクールに通っていなくても心配することはない。本書では主にボトムアップの投資に焦点を当てているが、そのような人々にも分かるようにこれから説明していく。

トップダウンの方法をとる者もいるが、彼らはマクロや長期的なテーマに基づいて投資機会を調査している。そのようなテーマが利益成長を加速させ、理想的には特定のセクターの再評価につながることを期待しているわけだ。主たるマクロのトップダウン戦略では、グローバル市場のトレンドや景気循環、または金利、為替、そしてコモディティの動向が主眼となる。長期的なテーマとしては、消費パターンの変化、製品の浸透率や人口動態、または最先端技術や構造的な競争力の変化、規制の展開などが含まれる。

経験豊富な投資家はボトムアップとトップダウンの要素を自らの方法に統合している傾向がある。ファンダメンタルズを信奉する投資家でさえ、マクロ環境には極めて敏感なのだ。特定のシナリオが個別銘柄に与えるインパクトを理解することは不可欠である。ことわざにもあるように「マクロが分からなければ、マクロにやられる」。

アイデアを生み出すプロセスには多大な忍耐と規律が求められる。クオリティーの高い投資機会を見いだすまでに何百もの企業を検討する必要があるかもしれない。それゆえ、どこに目を向け、何を求めるかを知ることは重要である。

広く知られるテクニックも存在するが、投資家はそれぞれ自らの感覚や変化に合わせた独自のスタイルを開発している。投資は経験がものをいうと言われるが、プロの投資家はアイデアを生み出すテクニックを時間をかけて微調整している傾向にある。熟練のプロでさえ、ダイナミックな市場の状況に合わせて進化し、さまざまな装備を加えていかなければならないのだ。

スクリーニング

スクリーニングのツールは、投資アイデアを効率的に探し出すうえで有効である。スクリーニングによって、カスタマイズした要件を用いて膨大な企業のデータをふるいにかけ、投資機会を見いだすことが可能となる。プロたちも、絶えずアイデアを探すために定期的にスクリーニングを行っているのだ。

ボトムアップのスクリーニングでは、特定のバリュエーション水準以下で取引されている、または一定の水準以上の成長を示している銘柄を対象にするといった方法がとられる。最近行われたＭ＆Ａ、ＩＰＯ（新規株式公開）予定の銘柄、または新たに自社株買いの承認を得た企業に焦点を当てるというケースもある（**図表1－1**）。

原油価格が上昇するというテーマを持ったトップダウンの投資家であれば、財務面での要件と組み合わせてエネルギーセクターでの投資機会をスクリーニングすることになる。別のケースでは、ブロードバンドの利用の拡大やモバイル機器の普及に関する長期的なトレンドが主眼となることもある。その場合、ＴＭＴ（ハイテク、メディア、通信）のサブセクターに焦点を当て、選び抜かれた財務指標を追加のフィルターとしたスクリーニング

図表１－１　スクリーニング結果――時価総額の５％を超える自社株買いが承認された時価総額10億ドル以上の企業（単位＝100万ドル単位。１株当たりデータ除く）

新たに自社株買いが承認された（2012年12月31日時点）										
公表日	企業名	ティッカー	セクター	公表された買い戻し額	時価総額に占める割合％	時価	時価総額	エンタープライズバリュー	FwdEV／EBITDA	Fwd PER
2012/12/19	ゼネラルモーターズ	GM	自動車	$5,500	11%	$28.83	$47,944	$57,252	3.7x	8.2x
2012/12/14	MSCI	MSCI	事業サービス	$300	8%	$30.99	$3,826	$4,257	10.2x	18.2x
2012/12/13	コアロジック	CLGX	テクノロジー	$250	9%	$26.92	$2,776	$3,396	7.3x	16.0x
2012/12/10	グラフィック・パッケージング	GPK	梱包	$300	12%	$6.46	$2,572	$4,511	7.1x	14.4x
2012/12/7	レンノックス・インターナショナル	LII	製造業	$300	11%	$52.52	$2,705	$3,137	9.1x	14.7x
2012/12/06	シリウスXM	SIRI	衛星無線	$2,000	11%	$2.89	$19,009	$20,888	16.1x	19.9x
2012/11/09	スカイワークス・ソリューションズ	SWKS	セミコンダクター	$200	5%	$20.30	$3,907	$3,579	7.0x	9.5x
2012/11/07	バブコック・アンド・ウィルコックス	BWC	電子機器	$250	8%	$26.20	$3,107	$2,772	6.1x	11.4x
2012/11/05	ドーバー・コーポレーション	DOV	機械	$1,000	8%	$65.71	$12,086	$13,487	7.8x	12.6x
2012/10/23	エアガス	ARG	化学	$600	8%	$91.29	$7,202	$9,245	10.0x	19.8x
2012/09/26	アラスカ航空	ALK	航空	$250	8%	$43.09	$3,097	$2,978	3.4x	8.5x
2012/08/13	ザイリンクス	XLNX	セミコンダクター	$750	8%	$35.86	$9,692	$8,901	11.3x	16.9x

が行われることになる。

株式のスクリーニングを行う多数のツールがオンライン上で無料か比較的低コスト（例えば、ヤフーファイナンス）で利用可能である。少なくとも、新たに発表されたコーポレートイベントを自動的に取り上げる金融ニュースのアラート（例えば、グーグルアラートやウォール・ストリート・ジャーナル）を設定しておくべきである。高度なカスタマイズが可能なより先進的なツールは、ブルームバーグなどに加入することで利用が可能となる。

ボトムアップのアプローチ

ボトムアップの投資とは、魅力的な銘柄を探すとき企業を第一とするアプローチである。まずは個別企業に取り組み、同社のビジネスドライバー、財務パフォーマンス、バリュエーション、そして将来の見通しについて徹底的に分析を行う。この手の作業は伝統的な銘柄選択の基礎をなすものだ。

一般的なボトムアップの投資戦略としては、ロングオンリー、ロングショート、イベントドリブン、スペシャルシチュエーションなどがある。それ以外には特定のセクターや地

図表1－2　ボトムアップのアプローチ

ボトムアップのアプローチ
●バリュエーション
●財務パフォーマンス
● M&A（合併買収）
●スピンオフ・事業売却
●リストラクチャリング・事業再生
●自社株買い・配当
● IPO（新規株式公開）
●インサイダーによる株式買い付け・株式保有
●実績ある投資家・アクティビストの追跡

域に焦点を当てるものもある。ロングオンリー戦略はたいてい長期的な見通しをもって、クオリティーの高い銘柄からなるポートフォリオを買い持ちすることが主眼となる。ロングショートは特定の銘柄やセクターのリスク、市場全体のリスクをヘッジしたり、それ単独でリターンを生み出すために空売り戦略を導入するものである（第5章参照）。

イベントドリブンやスペシャルシチュエーション戦略

はM&Aやスピンオフ、自社株買いなどのコーポレートアクションに焦点を当てるものである。

図表1-2に示すとおり、クオリティーの高い投資アイデアを探すうえでは有益であることが証明されている分野もある。例えば、「バリュー投資家」は市場に誤解されている割安銘柄に焦点を当てる傾向がある。また銘柄選択者たちは、自社株買いやM&Aや経営陣の刷新など株主重視の行動をとっている企業を探し求めもする。

●バリュエーション　バリュエーションによる伝統的なスクリーニングは、通常バリュエーションマルチプルを基準として「割安」な銘柄を見いだそうとする。しかし、誤解されているがゆえに割安な企業と、それがふさわしい企業とを区別することが重要である。

●財務パフォーマンス　財務指標やそのトレンドは潜在的な勝者と敗者を見極めるうえで重要である。ファンダメンタルズが改善しているのは魅力的な投資機会を知らせるものかもしれない。例えば、成長率が増大している、利益率が拡大している、レバレッジが解消されている、そしてリターンが改善しているといった具合だ。競合他社に比べて利益率が劣る企業は、その差を埋められるかどうかを分析する価値がある。

●M&A（合併買収）　M&Aは株主に長期的に大きな価値をもたらす。これは、買収側が業態を変える買収、もしくは事業ポートフォリオを拡張する「ボルトオン」に取り組む場合にその傾向が強い。「インプレー」のセクターを見定めれば、買収側やターゲット側双方で投資機会を見いだすことができる。

●スピンオフ・事業売却　これは企業が「スピンオフ（既存株主に譲渡する）」、IPO、または一つ以上の事業や部門を売却する取引である。スピンオフと事業売却は現在、一つの企業の傘下にある特定の事業の価値を最大限解放することを目的としている。

●リストラクチャリング・事業再生　リストラクチャリングは、企業が破産や組織再編から脱出し、株式を公開するもので、通常はバランスシートが改善されている。事業再生は公式の破産やリストラクチャリングとは別物である。困難を抱えた企業は、劇的に改善する可能性を探る機会となる。

●自社株買い・配当　株主に現金を還元する二つの主たる方法である。自社株買いについては、初めて組織的に取り組む、または大量の株式（公開されている株式の五％以上）を買い戻す企業はとりわけ興味深いものがある。配当については、初配当、高い配当利回り、または配当性向が上昇している（配当が純利益に占める割合をいう）場合は調査する価値がある。

●ＩＰＯ　プライベートエクイティ（ＰＥ。伝統的にＬＢＯを通じて企業を買収するオルタナティブ運用を行う投資ファンド）やベンチャーキャピタル（ＶＣ）が保有しているものも含め、企業が初めて上場すること。このような企業は競合他社よりも割安で公募されることが多く、また公開情報や比較対象となる企業が少ないために市場が十分に理解していない可能性がある。

●インサイダーによる株式買い付け・株式保有　上級幹部が自らの企業の株式を大量に買っている場合、株式が割安となっている、または先々大きな価値が創造されることを示唆している可能性がある。同様に、実績あるＣＥＯ（最高経営責任者）が業績改善で大きな財政的インセンティブを与えられている場合も注意する価値がある。

●実績ある投資家・アクティビストの追跡　優れたトラックレコードを有する投資家グループの公的資料を見直すことで買いの機会が見つかることがある。ＳＥＣ（米証券取引委員会）は、一億ドル以上の運用資産（ＡＵＭ）を持つ投資ファンドに対して、四半期ごとに13－Ｆ（13－Ｆには保有株数を含めファンドの保有状況が記載されている。これは各四半期末から四五日以内に提出されなければならない）の形式で株式の保有状況を開示することを求めている。

バリュエーション

バリュエーションによるスクリーニングを行う場合、ただ「割安」な銘柄を見つけるだけではだめである。単純にＰＥＲ（株価収益率）が一五倍以下で取引されている企業をスクリーニングすると、必然的に膨大な数の銘柄が出てきてしまう。これでは割安銘柄を容易に見つけるには程遠いように感じることであろう。このような企業のほとんどはそれなりの理由があって割安なのだ。

一般的な理解が間違っているから割安な銘柄、利益が増大するまたは市場がより高く「再評価」する、すなわちより高いマルチプルが得られると思える銘柄を探すことが鍵である。割安に見えても割り引かれるだけの理由がある銘柄である「バリュートラップ」を回避しながら、そのような銘柄を見つけなければならないのだ。そのような銘柄でさえも将来の利益を脅かすファンダメンタルズや構造的な問題を考えれば、割高であるかもしれない。

一方で、マルチプルからすると競合他社に比べて割安に見えなくとも、アウトパフォームする可能性がはっきりしている銘柄が見つかるかもしれない。例えば、二〇倍のPERで取引されている高成長企業は、一七・五倍で取引されている成長が遅い企業よりも魅力的であることが判明するかもしれない。二〇倍の企業が利益を年二五％増大させるとしたら、三年後の利益に対するPERはたった一〇倍ということになる。一方で、一七・五倍の企業が利益を年一〇％増大させるとしたら、三年後のPERは一三倍となり、より割高となるわけだ。

バリュエーションによるスクリーニングを効率的にするために、ボトムアップのアプローチにトップダウンのアプローチを組み合わせることがよくある。例えば、大きな長期的変化にある、または景気循環が底を打ったセクターで割安な銘柄を探すといった具合だ。

バリュエーションによる一般的なスクリーニングには次のようなものがある。

●**絶対価値や相対価値に比して株価が低い**　事業のファンダメンタルズや見通しからすれば、バリュエーションが魅力的に思える企業。これは競合他社と比較した相対的な基準に基づく場合もあれば、当該企業のヒストリカルな水準（例えば、五二週平均や上場来高値から大幅に割り引かれている）に基づく場合もある。通常、バリュエーションは市場のマルチプルを基準に評価されたり、比較されたりする。主たるマルチプルとして、ＰＥＲ、株価フリーキャッシュフロー倍率（ＰＦＣＦＲ。ＦＣＦイールドとして知られるＰＦＣＦＲの逆数も投資家に用いられることが多い）、ＰＢＲ（株価純資産倍率）、ＥＶ／ＥＢＩＴＤＡ（ＥＢＩＴＤＡ［金利・税金・償却前利益］は、企業が製品やサービスを生み出すためにかかる現金の総費用を反映しているので、営業活動によるキャッシュフローの代数として広く用いられている）倍率などの組み合わせが用いられる。

●成長率に比してバリュエーションが魅力的だ　ここではＰＥＧレシオが鍵となる。これはＰＥＲを利益成長率で割ったもので、成長見通しと比較して当該銘柄の価値を評価しようとするものである。ＰＥＧレシオが低いほど、当該銘柄は割安だとされる。先に議論したように、ＰＥＲが二〇倍でＥＰＳ（一株当たり利益）の成長率が二五％（ＰＥＧは〇・八倍）である銘柄は、一七・五倍と一〇％成長（ＰＥＧは一・七五倍）の銘柄よりも魅力的となる。

●バリュエーションが低く、リターンが高い　資本利益率の指標、とりわけＲＯＩＣ（投下資本利益率。税効果考慮ＥＢＩＴ［金利・税引き前利益］やＥＢＩＴＡ［金利前・税引き後利益］を有形固定資産［ＰＰＥ］の純額で割り、営業資本を足したものと定義されることが多い。税効果考慮EBITやEBITAはNOPAT［税引後営業利益］と呼ばれることもある）はクオリティーを示す主要な指標である。現在のバリュエーションが低く、リターンが高く、また増大していることが理想的な投資機会である。高いリターンは成長のためのプロジェクトに投資する、または株主に資本を還元することで活用される。

財務パフォーマンス

企業の財務パフォーマンスは善かれあしかれ、株価に反映されるものである。売上高の増大や利益成長率の向上は株価の力強いパフォーマンスとなって跳ね返ってくる。下落トレンドであれば、その正反対のことが起こる。

同じ法則が、利益率、フリーキャッシュフローの創出、そして資本利益率といった主たる財務指標にも当てはまる。しかし、時に市場は財務パフォーマンスの改善を適切に認識できないことがある。同様に、利益率やリターンが競合他社よりも低いといった相対的なアンダーパフォーマンスは、事業再生の潜在的機会として調査されるべきである。

通常、資本構成は財務パフォーマンスと密接な関係にある。ここでは、企業の債務の額とコスト、債務の満期、金利支払い能力に焦点を当てたいところである。事業のパフォーマンスと同様に、信用指標の強化は株価を後押しする一助となる。

前述の指標は、絶対値そして競合他社と比較した相対値の双方で見る必要がある。オンライン上で提供されるバリュエーションツールには、財務パフォーマンスのトレンドを見いだすために無数のバリエーションがある。

財務パフォーマンスに基づく一般的なスクリーニング方法には次のようなものがある。

●**成長性**　バリュエーションを最も左右するものともいえる。安定的に増大する売上高や利益はクオリティーを示す古典的な指標である。これらが絶え間なく発表される、いわゆる高収益企業は、伝統的な銘柄選択者には必須であり、バリュエーションにプレミアムが付く傾向にある。あらゆる成長が称賛されはするが、M&Aによるものよりも本業の成長のほうが好ましい。

●**利益率**　利益率の拡大または縮小は、企業業績の明らかな兆候となる。利益率の拡大は、価格決定力、原価管理、サプライヤーに対する交渉力を示唆する傾向にある。利益率の縮小は、主たる事業が問題を抱えていることの警告ともなる。投資家は、総利益、EBITDA、営業利益（EBIT。EBITは、企業が公表する損益計算書の営業利益または営業収入と同値となることが多い。EBITDAと似ているが、減価償却費［D&A］差し引いているので、資本集約度をより適切に反映しているともいえる）、純利益率に焦点を当てる。

●フリーキャッシュフロー（FCF）の創出　プロの投資家は、企業が本業の成長に向けた取り組みやM&A、株主への資本還元、または債務の返済に利用できる現金を生み出す能力に焦点を当てている。純利益のかなりの部分をフリーキャッシュフローに転換できる企業は高く評価される。主たる指標としては、FCFコンバージョン（純利益またはEBITDAに占めるFCFの割合）やFCFマージン（売上高に占めるFCFの割合）がある。

●リターン指標　企業が資本を投下してくれた者に利益（またはリターン）を提供する能力を測るものである。これらの比率は収益性の指標（例えば、EBIAT、NOPAT、または純利益など）を分子に、資本（例えば、投下資本、総資産、株主資本など）を分母に算出される。リターン指標は、経営陣がどれだけ効率的に資本を用いているかを測るものである。理想的には、企業のROICは資本コスト（第4章参照）を上回るべきであり、それによって株主に超過利益を提供する能力があることが示されるのだ。

●**資本構造**　これはさまざまな形で株価のパフォーマンスに影響を及ぼす。バランスシートに余裕があれば、成長に向けたプロジェクトやM&Aや資本還元に資金を充当することができる。また、二〇〇八～〇九年の金融危機（別名「グレートリセッション」＝リーマンショック）の期間に株式投資家が学んだように、これは困難な時期の下支えともなり、流動性を提供するものともなる。主たる指標としては、EBITDA負債倍率（「レバレッジ」）やEBITDA・インタレスト・カバレッジ・レシオ（「カバレッジ」）などがある。財務パフォーマンスの強化や借り入れの返済によって信用指標が改善することもある。

合併買収（M&A）

事業の取得や売却を総じてM&Aと呼ぶ。ほかの企業の一部や全部を買うという判断はさまざまな要因に左右される。そのなかで最も大きな理由は、新しい製品や顧客、エンドマーケットや商圏を通じた既存プラットフォームの拡大または改善である。またM&Aによってまったく新しい事業に手を広げるという場合もある。M&Aを通じた成長は事業を一から立ち上げるよりも安く、早く、また安全な選択肢となることが多いのだ。

投資機会を見いだすうえでM&Aを主眼とするアプローチは魅力的なものとなる。規模感のある新しい取引でスクリーニングをかけることがその第一歩にふさわしい。これによって、多くの場合「インプレー」のセクターが見いだされることになるが、そこでは潜在的なターゲット企業と買収側との双方が面白い機会となるかもしれない。潜在的なターゲット企業に関して、投資家は適切な買収候補、とりわけ株価が五二週平均を下回る企業や競合他社に比べてマルチプルが低い企業に焦点を当てる。買収側については、M&Aで優れたトラックレコードを持つ実績ある経営陣がいる企業、とりわけ現金を豊富に保有していたり、レバレッジが低い企業が注目を集めることになる。

ここで話を進める前に簡潔なただし書きを。長年にわたりM&Aは玉石混交である。典型的な落とし穴としては、過大な買い付け価格、見当違いの戦略的買収、相いれない企業文化、バランスシート上の過大なレバレッジ、統合の失敗などがある。これらは単独でも価値を破壊しかねないが、組み合わさると壊滅的である。ゆえに、注意深く進めなければならない。

M&Aを主眼とする具体的な戦略としては次のようなものがある。

●業態を変える取引　買収側は、規模感があり、戦略的で、シナジーが期待できる取引を行っている。典型的なスクリーニングとしては、最近、公表・完了した取引で、取引によって買収側の価値が少なくとも一〇％増大するものといった具合である。

●業界統合　インプレーのセクターでは、潜在的なターゲット企業と買収側の双方の株価が利益を生む可能性がある。取引数や取引規模の双方でボリュームのあるセクターが典型的なスクリーニング方法である。

●適切なターゲット企業　論理的に考えて戦略的な買い手やプライベートエクイティの買い手が存在する企業。典型的なスクリーニングとしては、純粋にバリュエーションのマルチプルが低い、または五二週安値付近で取引されている銘柄。

●実績ある買収者　EPSが増大する取引をやり遂げた素晴らしい実績のある経営陣。典型的なスクリーニングとしては、規模や金額の点で積極的な買収者、大きな現金残高や低いレバレッジといった主たるバランスシート指標と組み合わせることが多い。

業態を変える取引

業態を変える取引は規模と戦略の双方に基づいて定義されることが多い。このような取引は、売り上げや利益や戦略的な方向性において買収側に大きな変化をもたらす。また、費用の削減や成長機会ゆえに高いシナジー効果をもたらす傾向にもある。結果としてバリュエーションの再評価が行われ、買収側により高いマルチプルがつくこともある。

新たに公表・完了した取引を特定の閾値をもってスクリーニングすべきである。そして、各買収者のプレスリリースと投資家向けプレゼンテーションを見直すことである。通常、これらの情報源から、取引の概要、シナジーの規模、利益増大（または計算を行ううえでの前提条件）そして取引がもたらす戦略的効果について知ることができる。

情報公開の度合いにかかわらず、最終的には取引の財政的・戦略的効果を独自に推測し、判断しなければならない。それらは、取引の定量的効果を分析するEPS希薄化モデルに反映されることになる（第4章参照）。投資家は、EPSまたはFCFSが理想的にはプロフォーマ（PF）で一〇％以上増大する取引を称賛するものだ。

二〇一六年八月、スキーリゾートを運営するベール・リゾート（MTN）が競合であるウィスラー・ブラッコム（WB CN）を一二億ドル（EV／EBITDAで一三倍、シナジー効果で調整すると九倍）で買収した。これは当時、五八億ドルというMTNのエンタープライズバリューからすると大きな取引であった。シナジー効果によって、この取引でEPSは適度に増大した。

ウィスラーは北米で最も象徴的なリゾートの一社と考えられており、長きにわたって健全な財務パフォーマンスを示していた。この取引で、すでに強固であったベールのネットワークはカナダ市場にまで拡大し、ウィスラーが年間を通して操業していることを考えると、事業全体が持つ季節性に対するバッファーがもたらされたことになる。目の前の収益とコスト面でのシナジーという組み合わせ、シーズンパスの利用の増加、そしてベストプラクティスの共有化は市場で称賛された。取引が公表されるとMTNは八％上昇した。二年後、ベールの株主は資金を二倍に増やした。この業態を変える取引が転機となるようなリターンをもたらしたことは明白である。

業界統合

統合の最中にある業界は、M&Aをテーマとした投資アイデアにとって肥沃な土壌となる。潜在的なターゲット企業と買収側双方の株価が、価値が増大する取引を期待して徐々に上昇するかもしれない。これは潜在的なウィン・ウィンの状況を生み出すものである。理想的には、リターンを最大化するために統合の初期の段階から投資を始めたいところである。

われわれは、新たに公表・完了した取引をもとにスクリーニングを行い、その後セクターごとに分類することを勧める。活動の活発なセクターは正真正銘の統合期にあることを示唆している。次の段階の分析では、セクターで最も取引を行う可能性が高い企業を見いだすことになる。そのためには、適切なターゲット企業と買収者を十分に理解することが求められる。

典型的なストーリーとしては、M&Aを経営課題に挙げていたり、豊富な現金残高を有している実績ある買収側を含めたものとなる。また、どこかの企業を買い損ねたばかりで、躍起になって新しいターゲットを探している企業の場合もある。その後、さまざまなターゲット候補との相性やシナジーについて高度な分析を行うことができる。

明らかにターゲットとなる企業はバリュエーションが魅力的で、買い手候補と戦略的に適合するものである。社会的問題やガバナンスの問題も重要である。ターゲット企業ではアクティビストが株主になっているか。取締役会や経営陣が企業の売却を支持する可能性はあるだろうか。

世界のビール業界は興味深いケーススタディとなる。二〇〇〇年代初頭、業界は細かく分かれており、上位五社でも市場シェアは計二五％にすぎなかった。一〇年後、いくつもの巨大取引が行われた結果、彼らの市場シェアは優に五〇％を超えた。その間、ターゲット企業と買収側の株主は大きなリターンを手にした。有名な取引としては、二〇〇八年のインベブによる六一〇億ドルでのアンハイザー・ブッシュ買収や、二〇一一年のSABミラーによる一二〇億ドルでのフォスター買収がある。これら世界のビール業界の二社の巨人は二〇一六年に統合し、二〇〇〇億ドルの時価総額を有する企業となった。

適切なターゲット企業

古典的なM＆A投資戦略では、適切な買収候補を見つけることを主眼とする。拡大をもくろむ巨大な競合が存在する企業がリストの上位に来ることになる。業界内の企業が買収後、すぐに活用できる独自の資産やテクノロジーを有する企業についても同じことが言える。

適度なマルチプルや五二週安値付近にある小規模で単一事業を営む企業はターゲットと

なりやすい。寛大な退職金を手にした引退間近のCEOの存在はさらなる信頼性を与えるものだ（上級幹部の年齢と報酬はSECに提出される企業の総会委任状で公表されている）。または、その会社が十分に割安になっている、または十分なフリーキャッシュフローを生み出していれば、プライベートエクイティの関心を呼ぶことになる。

だが、タンゴは一人では踊れない。それゆえ、潜在的な買い手についても理解する必要がある。買収を志向している合理的な買い手はいるのか。彼らのバランスシートは大規模なM&Aを実行できるほど健全なのか。プライベートエクイティが関心を持つだろうか。

実績ある買収者に賭けることも効率的な戦略となるが、通常ターゲット企業に先に賭けたほうが安全である。歴史的に見て、上場会社の買収プレミアムは平均すると三〇～四〇%である。買収合戦や敵対的買収など、さらに高いプレミアムが付く場合もある。買収候補を適切に選択することで、短期間に大きなリターンを手にすることができる。

元投資銀行家たちは、M&Aのメカニズムやダイナミズムやその動機を理解しているので、この点については大きな優位性がある。

二〇一六年三月、バルスパー（VAL）がシャーウィン・ウィリアムズ（SHW）に一株一一三ドルの現金で買収され、塗料やコーティングの分野の世界最大企業が誕生した。

これはＶＡＬの株価に対して四一％のプレミアムに相当し、上場来高値に対して二八％のプレミアムに当たる。債務の引き受けも含め、買収総額は一一三億ドル（ＥＶ／ＥＢＩＴＤＡで一五倍、シナジー調整後で一一倍）となった。

規模がものをいう業界であるコーティング剤製造の分野で世界第五位であったバルスパーには合理的な買収者が多く存在したのである。同社のブランド・ポートフォリオ、アジア・パシフィック地域へのイクスポージャー、イノベーションの歴史と技術的な専門知識がその魅力をさらに大きなものとしていた。要するに、適切な買収候補に賭けようとしている投資家にとって、手がかりがそこかしこにあったのだ。

シャーウィン・ウィリアムズにとっては、この取引で顧客ベースと地域的なイクスポージャーは分散され、製品や製造能力が補完されることになった。財政面から見ると、この取引のシナジー効果は高く、ＥＰＳは二〇％増大した。ＳＨＷの株主は取引の公表から二〇一九年末までに一一五％という見事なリターンを手にしたわけだが、これは同期間のＳ＆Ｐ五〇〇の二倍以上にあたる。

実績ある買収者

実績ある買収者とは、ＥＰＳを増大させ、価値を高める取引を成し遂げてきたトラックレコードを有する企業のことである。好況期には、Ｍ＆Ａは本業の確かなパフォーマンスを増幅させる。不況期には、Ｍ＆Ａは売上高や利益の低迷を相殺する一助となる。

実績ある買収者の株式は、取引が公表されると上昇することが多い。このような企業には、極めて優秀なＣＥＯや社内に投資銀行出身のＭ＆Ａの専門家が存在するものである。典型的な戦略は、利益率は低迷しているが、新たな経営陣の下であれば改善し得る競合他社を買収することである。実績ある買収者は時間の試練に耐えた統合戦略を持ち合わせており、それが企業のＤＮＡの一部となっている。これによって彼らは取引と事業統合を成功させ、取得価格を上回る価値を付加することができる。

メキシコシティーを拠点とする世界的な化学会社で、かつてマキシケムＳＡＢと呼ばれたオルビア・アドバンス・コーポレーションＳＡＢ（ＯＲＢＩＡ）は二〇〇七年初頭に一連の戦略的買収に取り掛かった。同社の下流部門の事業を成長させ、また地域的に分散をはかる構想の一環として、同社はその後の数年間でグルーポ・アマンコ、アルファガリー、ウェイビン、デュラ・ラインを買収した。このＭ＆Ａを主軸とした戦略は株主に大きな利益をもたらすことが証明された。二〇一四年秋までに、マキシケムの株価はおよそ七ペソから五六ペソに上昇し、リターンは八年で八倍になったのである。

では、何か裏があるのではないか。一連の買収に成功する企業に投資をするなど話が出来すぎではないのか。確かに、リスクはいくつもある。まず、この戦略にはすぐに実行に移せるターゲット企業の候補がたくさん存在する必要がある。また、魅力的な借り入れが行えるかどうかにも依存する。さらに、さまざまな指標が変化するので、買収を続ける企業の財務パフォーマンスを信頼性を伴って分析するのは容易なことではない。

最後に、実績ある買収者の株式にはすでに完全な株価が付けられているかもしれない。取引で成功し続けることに対する投資家の期待があまりに高く、失望のお膳立てができているかもしれないのだ。

スピンオフ・事業売却

スピンオフは、親会社（ParentCo）が自社の事業部門の一つ（SpinCo）の株式を新たに公開したり、既存株主に分配することで発生する。スピンオフ後は、新たな企業は親会社から独立し、独自の経営陣、取締役、株主を有することになる。スピンオフは経済紙の見出しを飾る出来事であるので、スクリーニングも容易である。

スピンオフは銘柄選択者にとって有益なものとなる。結局のところ、事業を分割する根拠は株主価値を開放することにある。個々の事業の内在価値は既存の統合された親会社のそれよりも大きなものであるはずだ、ということだ。さもなければ、どうして費用も手間もかけてスピンオフするだろうか。同様のことが非中核事業や低迷している事業の売却についてもいえる。

分割後、親会社とスピンアウトした企業の双方に大きな上昇の可能性があるかもしれないので、別個に評価する必要がある。親会社については、無視されていた非中核事業を取り除いたことが株価の再評価につながるかもしれない。スピンアウトした企業については、クオリティーも低く、資本も不足している事業であることが多いのだが、おそらくより大きな機会があるであろう。通常、スピンアウトした企業の株式は、主要株主が売りに回るので、すぐに売り圧力にさらされることになる。より規模の大きいファンドマネジャーたちは小型の流動性の低い銘柄に尻込みする傾向にあるので、あきらめてしまうのだ。

さらに、新たに独立したスピンアウトした企業のバリュエーションは、概して情報と関心の不足から低くなる傾向にある。新たに公開した企業は、独立したトラックレコードがないがゆえに割り引かれて取引されることが多い。また、当初はリサーチのカバレッジが限られる傾向にあり、スピンアウトした企業が小型株であればなおさらである。正当な根拠のない売り圧力、バリュエーションの割り引き、そして情報の非対称性といった特徴は魅力的なシナリオにつながる。

事業売却では、親会社側にチャンスがある。つまるところ、非中核事業または低迷している事業を売却する主たる動機は価値を解放することにある。これは古典的な「引き算による足し算」である。重要性の乏しい事業を売却することで、製品ミックスが改善するのでマルチプルの再評価につながるはずだ、というわけだ。また、売却資金をより大きな価値を生む戦略に向けたり、債務の返済に充てることは株価にとっても有益であるはずなのだ。

二〇一〇年七月、ノースロップ・グラマン（NOC）は現在、ハンティントン・インガルス（HII）として取引されている、同社の造船事業の売却・スピンオフを検討していると発表した。当時、国防費の削減が予測されていたため、業界の状況は好ましいものではなかった。また、NOCは競合他社に比べて大幅に割り引かれていたのだ。

幸運なことに、NOCとHIIは政府が切ることが難しい「ミッションクリティカル」で強い立場にあったのだ。スピンオフが発表されたとき、NOCの株価は五〇ドルであったが、二〇一九年末までに三四四ドルに達した。さらに、分配されたHIIの株式を手放さずにいたNOCの株主は四〇ドル以上の追加価値を実現することになった。これは、合計すると一株当たりおよそ四〇〇ドルの価値に等しく、およそ六〇〇％のリターン、または年利で二〇％超のリターンとなる（NOCの株主は、保有するNOC株六株に対しHII株一株を手にした）。

リストラクチャリング・事業再生

リストラクチャリングとは、破産や似たような組織再編につながる事態を脱した企業のことである。通常、元々のデットと株式の所有者、またクレジット・ファンドやディストレス・ファンドといった新たな投資家がこのような企業の所有者である。彼らの多くは、財政的に困難な時期に企業のデットを取得していることが多く、ひとたびデットが株式に転換されれば、同社の所有権を手にすることになる。そのため、彼らの取得原価は低く、売却やＩＰＯまたは再上場（破産したり、上場を廃止していたかつての上場企業が正式なＩＰＯをせずに再び株式市場に登場することが再上場である）によって自らの持ち分を資金化することを望む適切な売り手である。

再上場時、これらの企業はかつての問題ゆえに市場から無視されるか、誤解される傾向にある。その意味で、彼らはその波乱万丈な過去を除けばスピンオフと似ている。そして、スピンオフと同様に、スクリーニングが容易で、魅力的な投資機会となることが多い。

このような企業の多くは本業が安定している。リストラクチャリングは、無分別な借り入れ、一時のショックや出来事、または経営判断の誤りによって引き起こされた可能性がある。通常、問題の解決策はその原因に依存する。過度に攻撃的な資本構造はバランスシートを綺麗にすることで治癒できる。競争力のない費用構造は総合的な費用削減の取り組みによって解決するかもしれない。まずい経営は新たな経営陣によって修正される。しかし、本質的にビジネスモデルに欠点がある場合はとりわけ注意して取り扱わなければならない。

事業再生は、公式な破産やリストラクチャリングとは別物である。広い意味で、問題を抱えたあらゆる企業には劇的に改善する可能性を検討する機会が存在する。事業再生の多くは、新しいＣＥＯやアクティビストによって主導される。往々にして外部の者は新鮮な考え方、そして改革を実行する大胆なリーダーシップをもたらすものである。

カジノ事業者のトロピカーナ・エンターテインメント（ＴＰＣＡ）はリストラクチャリングと事業再生の典型例である。二〇〇七年一月、コロンビア・サセックスが同社を二八億ドルで買収したが、リーマンショックを前に多額の負債を抱え込んでいた。一年もしないうちに、トロピカーナは提案した大規模な費用削減とレイオフが過剰だとの理由でニュージャージー州の規制当局にアトランタ市でのライセンスを取り上げられてしまった。二〇〇八年五月になると、トロピカーナは、市況の悪化、高いレバレッジ、そして経営の誤りなどのために、破産を申請せざるを得なくなった。

それでも、トロピカーナのブランドと同社のカジノは死んでいなかった。あらゆる意味で、これは古典的な「会社は良いが、バランスシートは悪い」ケースである。チャプターイレブンの期間中、同社は負債をおよそ二五億ドル削減し、カジノのライセンスも更新することを得た。二〇一〇年三月、トロピカーナはカール・アイカーンの支援を受けた二億ドルの取引で破産から脱した。二〇一〇年一一月には、一株当たり一四ドルで店頭市場に再登場したのである。

その後の数年間、トロピカーナはリノベーション、改修、ホテルの客室の改善、アメニティの追加など、新規・既存資産に多額の投資を行った。トロピカーナはまた、二〇一四年に大きなM&Aを実行し、モンタナ州セントルイスのルミエールを二億六〇〇〇万ドルで買収した。破産から脱したときはおよそ四五〇〇万ドルであったEBITDAは、二〇一八年までに二億ドル近くまで改善した。

この物語は、トロピカーナが、総額一八億五〇〇〇万ドルで同社の不動産をゲーミング・アンド・レジャー・プロパティーズ（GLPI）に売却し、カジノとホテル事業をエルドラド・リゾーツ（ERI）に統合することに合意した二〇一八年四月に幕を閉じる。これは一株当たり七三・五〇ドルの計算であり、店頭市場への再登場以来のリターンは四二五%、年利で二三%に相当する。

もう一つ有名な事業再生物語の主人公はチャーター・コミュニケーションズ（CHTR）である。二〇一一年一二月、トム・ラトリッジが新たなCEOに就任し、破産したばかりで、資本も不足し、競争圧力にもさらされている電気通信会社の経営を引き継ぐことが発表された。ラトリッジは競合他社のケーブルビジョン（CVC）から引き抜かれたのだが、彼は業界一を誇る同社の営業指標を主導した人物で、フリーキャッシュフローはおよそマイナス三億七五〇〇万ドルから六億八五〇〇万ドルに増加し、一〇%代後半の年率リターンをもたらしたのだ。彼が採用されたニュースにチャーター・コミュニケーションズの株価は好感し、その日、五%も上昇した。

ラトリッジのもと、チャーターはすぐに同社のネットワークを改善すべく資本投資に乗り出した。また、料金プランを簡素化し、顧客サービスの改善に集中した。一年もしないうちに、チャーター・コミュニケーションズはEPSを大きく増大させるボルトオン型の買収を発表し、そのおよそ二年後にはタイム・ワーナー・ケーブルとブライト・ハウス・ネットワークスを同時に買収したのである。当初からチャーターに機会を見いだしていた投資家は二〇一九年までにおよそ六七五%、年率三〇%ほどのリターンを手にしたことになる。

リストラクチャリングや破産と同様に、潜在的な事業再生も極めて注意深く取り組まなければならない。トロピカーナやチャーターの成功譚こそが例外で、標準的な出来事ではない。問題を抱えた企業の多くが再生することはない。実際に、問題の多くが悪化し、慢性的なアンダーパフォーマンス、さらには破産する結果となるのだ。

自社株買い・配当

資本を効率的に配分する企業は長きにわたり競合他社をアウトパフォームする傾向にあり、大規模な自社株買いや多額の配当を発表するとカタリストが生まれる傾向にある。内部成長を促す魅力的なプロジェクトがないと現金をため込んだり、規律のないM&Aに乗り出す企業は劣っているのである。

自社株買いの可能性がある興味深い状況を見つけるには、巨額（例えば、時価総額の五%以上）の自社株買いが承認された企業をスクリーニングすればよい。これは経営陣が自社の株式が割安だと考えている合図かもしれない。少なくとも、同社の見通しに自信があることを伝えているのだ。もちろん、そのような計画が発表されただけでは、「警戒を解除」してその銘柄を買う合図とはならない。

経営陣の自社株買いに関するトラックレコードを見直す必要がある。企業は歴史的に魅力的な価格で自社株買いをしているだろうか。それが重要な価値創造のきっかけとなっていただろうか。もしくは、利益予測やガイダンス（ガイダンスは企業が任意で発表するものであり、SECが求める要件ではない）を満たす、または従業員へのストックオプションによる希薄化を相殺しようとするためだけのからくりだったであろうか。

初めて発表された自社株買いは特に精査が求められる。企業は本当に承認に従うだろうか。経営陣は株式が割安だと考えているだろうか、もしくは彼らが成長を促す魅力的な機会を見いだすことができない合図だろうか。後者は利益の減少または将来のマルチプルの縮小の前兆かもしれないので、用心しなければならない。

自社株買いに関するもう一つのスクリーニング方法では、過去数期（例えば、過去三〜五年）にわたって相当数の株式が減少している企業を探し出すことを主眼とする。自社株買いで成功したトラックレコードを有する企業は報われる傾向にある。

衛星ラジオを展開するシリウスXM（SIRI）は長きにわたり整然とした自社株買いを通じて大きな株主価値を生み出してきた。二〇一三年から二〇一八年にかけて、SIRIは一〇八億ドル、平均すると年一八億ドル相当の自社株買いをしてきた。これを大局的にとらえると、当初二〇一二年一二月に自社株買いの計画が発表されたとき、SIRIの時価総額はたった一五〇億ドルであった。この積極的な資本還元のおかげで、シリウスXMのFCFSは年平均成長率で二〇％超に増大する（年平均成長率＝（期末価額÷期初価額）^（1÷（期末年－期初年））－1）。同時に、SIRIの株価は二〇一二年後半の二・

七九ドルから二〇一八年半ばには七ドルを超えるまで上昇した。

配当については、ターゲットとする閾値（例えば、二・五％）を超える利回りの銘柄に焦点を当てるのが一般的なスクリーニング方法である。配当利回りは、企業の一株当たりの年間配当を株価で割ったものと定義される。株価が五〇ドルで、一株当たりの配当が一・二五ドルの企業の利回りは二・五％となる。利回りが低かったり（例えば、一％以下）、大幅に増大する見通しのない企業には関心がない。一方、配当を安定的に増大させている企業はあがめられることになる。少なくとも二五年連続で配当を増大させている企業は「配当貴族」として知られている。

実績ある配当チャンピオンをターゲットとするのが一般的な戦略であるが、正反対の場所にも機会がある。すなわち、過去に配当を控えてきたキャッシュリッチでレバレッジの低い企業である。このような企業は新たに配当を実施するか、配当性向が大幅に増大するか注視する価値がある。だが、年間配当の支払い額が一貫してフリーキャッシュフローを超えている企業、とりわけ借り入れを増やしてその差額を埋めている企業には用心しなければならない。

ＩＰＯとは企業が一般の株式投資家に紹介されることである。それゆえ、ＩＰＯの候補銘柄はそのビジネスモデルや財務パフォーマンスの健全さという点において比較的知られていない傾向にある。さらに、新たにＩＰＯを行った銘柄は当初一〇日間の「静粛期間」（ＳＥＣが求める静粛期間は一〇日間であるが、ほとんどの銀行はいまでもかつての二五日ルールに従っている。ＥＧＣｓ［新興成長企業］と呼ばれる売上高が一〇億七〇〇〇万ドル以下の発行者は例外である。募集に参加していない銀行には静粛期間は適用されない）が終わるまで株式リサーチのカバレッジが行われない。この情報や時間のズレによって、潜在的な投資家は、真に差別化がなされるポイントを探す機会を得ることになる。

さらに、ＩＰＯ銘柄の株価は、競合他社と比較すると、妥当な推定価格から大幅に割引かれる（通常は一五％以上）ことが多い。このディスカウント分は投資家にとって「不確実性を減らす」ためのさらなるクッションの役割を果たす。

ＩＰＯ銘柄には付き物の情報のミスマッチは、比較対象となる上場企業が存在しない銘柄で最も大きくなる。このような場合、ほかの者たちはバリュエーションの比較基準となる上場企業を欠いた見知らぬ企業を回避するので、少しばかり余計に研究を行えば報いられる可能性がある。もちろん、市場はそのような企業をどのように評価するかについていまだ「語って」いないのであるから、現実的にはリスクがある。

序章で紹介したデルファイに話を戻すと、二二ドルという二〇一一年一一月の同社のIPO価格は、二〇一三年の予想値（Eは「予想値（Estimated）」のこと）でEV／EBITDAが三・五倍、PERが五倍、FCFイールドがおよそ一五％となることを示していた。これは、EV／EBITDAがおよそ六倍、PERが一一倍、FCFイールドが七・五％で取引されているほかの長期的な成長を示している自動車部品メーカーから大幅に割り引かれたものである（**図表4－3**）。むしろ市場は、デルファイを、その命運が自動車の生産量に大いに関係する、いわゆる系列メーカーとして価格付けしていたのである。

デルファイがパフォーマンスを上げるようになると、市場は新製品の導入、一台当たりの部品数の増加、収益性の上昇と関係する強力な長期的成長力を認識し始めた。したがって、破産という同社の汚名は色あせ始め、新たな投資家が参入してきたのである。二〇一七年後半のスピンオフまでに、デルファイの株価は一〇〇ドルを超えた。EV／EBITDA、PER、FCFイールドもそれぞれ一二倍、一八倍、そして四％ほどまで改善していたのである。これについてはあとの章でその経過について補足する。

インサイダーによる株式買い付け・株式保有

企業の上級幹部は自分たちの事業やその見通しについて、ほかのだれよりも優れた見識を有しているはずである。それが彼らの仕事であり、文字どおり日々それに集中することで彼らは報酬を得ているのである。それゆえ、経営幹部による自社株の取得や売却は投資家が参入・退却する合図となるかもしれない。ピーター・リンチは次のように指摘している。「インサイダーが自社の株式を売却する理由はいくつもあるだろうが、彼らが買う理由はたった一つだけである。つまり、株価が上がると考えているのだ」

アメリカの上場企業の経営幹部や取締役の保有株式数に変化があった場合、SECにForm4を提出することが求められている。そのような報道があれば通知を得られるようにしておくべきだ。相当数の取得・売却は主要な経済紙やビジネス誌でも取り上げられる。伝統的に社内の人物（インサイダー）による買いは強気サインであり、大量の売りは先々の問題を予兆するものである。

ＪＰモルガン（ＪＰＭ）のジェイミー・ダイモンＣＥＯは自社の株式取得については名人級である。二〇〇九年一月、彼はＪＰＭ五〇万株を平均価格二三ドル、計一一五〇万ドルで取得した。世界的な金融危機の最中での彼の買い付けは経済紙の一面を飾り、過去二年にわたって五〇％以上下落したＪＰＭ株に対する自信を知らせることになった。ダイモンの買い付けから一二カ月、株式は九〇％上昇した。彼の動きに注意を払い、またその後を追った人たちは自分たちの資金を一年で倍近くにしたことになる。

同様に、二〇一二年七月、ヨーロッパのソブリン危機の真っただ中、ダイモンは再び個人の資金をＪＰＭにつぎ込み、さらに五〇万株を三四ドル、計一七〇〇万ドルで取得した。一年後、ＪＰＭは六三％上昇した。さらに、二〇一六年二月、中国の景気に対する懸念と原油価格の下落を理由に市場が後退するなか、ダイモンが再び登場する。彼はさらに五〇万株を五三ドル、計二六五〇万ドルで取得し、ＪＰＭの株主や市場全般を安心させたのである。一二カ月後、株式は六四％上昇した。二〇一九年末までに、ＪＰＭの株価はおよそ一四〇ドルとなった。ダイモンの買いに従って投資をすれば、非常に儲かったことが分かる。

これに関連する戦略は、ＣＥＯが相当数の株式を保有しており、株価の上昇から大きな利益を得る立場にある企業に賭けることを主眼とする。これには、CEOが現在の株価に対して大きなプレミアムとなる行使価格のオプションを有している場合も含まれる。

CEOの報酬と株主の利益が連動しているべきという考えは直観的に理解できる。一九七〇年代半ばに経済学者のマイケル・ジェンセンによって初めて広められたことであるが、経営幹部の報酬のうち株式が占める割合を高めることはもはや一般的なものとなっている。これは、CEOは比較的「リスクを負う」ことなく多額の給料とボーナスを現金で受け取る立場にあるという古いモデルに取って代わっている。

実績ある投資家・アクティビストの追跡

特定の投資家グループの13－Fは、投資アイデアを探すうえで有効なものとなる。バークシャー・ハサウェイのウォーレン・バフェット、エイブラムス・キャピタルのデビッド・エイブラムス、デュケインのスタンレー・ドラッケンミラー、バイキング・グローバルのアンドレアス・ハルボルセン、バウポスト・グループのセス・クラーマン、トライアン・ファンド・マネジメントのネルソン・ペルツ、エリオット・マネジメントのポール・シンガーといった人たちのポートフォリオは絶えず注目されている。これらの投資家は長きにわたり並外れたトラックレコードを残し、自らの株式のポジションについては徹底的なデューデリジェンスを行うことで知られている。

だが、13－Fは四半期末から四五日遅れて提出されることに留意が必要である。それらの保有銘柄のなかには、情報が公開されたときにはすでに買い時が過ぎているものもあるかもしれない。また、提出日までにポジションがひっくり返っていることすらあるかもしれない。それゆえ、株価がまだ反応していない、直近の投資に焦点を当てたいところである。

個人やグループがとある企業の五％を超える持ち分を保有した場合には、一〇日以内に13－D、または四五日以内に13－Gを提出することが求められる。13－Dはアクティブな持ち分であることを示しており、株式の保有者は経営陣と戦略的な議論を行う計画である。13－Gはパッシブな持ち分であることを示している。どちらの資料も、当該銘柄が上昇する可能性がかなり高いことを示している。

アクティビストはチェンジエージェントであり、状況に応じて狙いを定める。彼らは、既存の投資家たちがすでに見いだしていたかもしれない変革を加速させることがある。それゆえ、そのような株主たちは通常、信頼に足るアクティビストが参入してくることを歓迎するのだ。また、アクティビストは新たな投資家を引きつける傾向があり、それによって株価は即座に上昇する。長期的に上昇するかどうかは、アクティビストが変革に成功するかどうか、また戦略的な動きそれ自体の結果によって決まる。

二〇一三年四月、アクティビストのバリューアクト・キャピタルが二〇億ドル相当の株式を取得したことを発表したとき、マイクロソフト（MSFT）は一株当たり三〇ドル以下で取引されていた。これは、発行済み株式総数の一％に満たないものではあるが、バリューアクトに変革を促す意思があることは明白だった。この投資が発表された当日、MSFTは三％以上上昇し、その後五月末までに三五ドルほどまで上昇した。

バリューアクトが参入する以前、マイクロソフトの株価は一九九八年以降、おおよそ停滞していたのである。CEOのスティーブ・バルマーと同社の戦略、とりわけ見当違いのデバイス事業への進出とモバイルコンピューティングでアップルやグーグルに遅れをとっていることに対する懸念が広がっていたのだ。二〇一三年八月になると、バルマーは自ら退任することを発表し、バリューアクトは取締役の席を手にした。これは、近い将来さらに劇的な変化が起こる兆しにすぎなかったのだ。

二〇一三年九月、マイクロソフトは、当時四五〇〇億ドルであった時価総額に対し、新たに四〇〇億ドルの自社株買い計画を承認し、配当を二〇％超増大させた。二〇一四年二月、マイクロソフト二〇年目のベテランであるサティア・ナデラがバルマーの後を継いだ。ナデラは、今後数年にわたり大幅な文化的・戦略的変更を行うことを公にすることになるが、そこでは伝統的なデスクトップパソコン向けのソフトウェアを重視する姿勢から、クラウド、エンタープライズ、モバイルにより集中することなどが含まれていた。

ナデラの戦略はマイクロソフトの財務パフォーマンスに再び活力を与えた。商用クラウドの力強い成長、製品ミックスの改善、企業向け事業からサブスクリプション型のビジネスモデルへの転換は投資家に称賛された。二〇一八年第1四半期にバリューアクトがポジションを清算するまでに、ＭＳＦＴの株価は九〇ドルを上回り、二〇〇％以上の上昇を示したのである。

もちろん、ほかの投資家を追跡する場合も、いつもどおりの警戒は必要である。「ヘッジファンドホテル」に見られるような安易な集団思考に注意しなければならない。他人の後追いをすることを嫌がり、流行の取引を回避しようとする投資家もいる。追跡される側にとっては、自分たちのポジションが後追いの需要から利益を得る可能性もあるのだ。

トップダウンのアプローチ

　トップダウンの投資アプローチは、マクロや長期的な追い風から利益を得ることが期待される銘柄を対象とする。安定的な利益成長やバリュエーションマルチプルの拡大を後押しするトレンドということである。それが経済状況の反転や市場の動揺から中核の事業を守ることにもなれば理想的である。さらに、激動期には逆風ではなく、追い風を受けたいと思うであろう。

　マクロの投資テーマが持つ力は、中央銀行の声明や行動が日々市場を動かしていることを見れば明白である。投資家は、特にＦＲＢ（米連邦準備制度理事会）、ＥＣＢ（ヨーロッパ中央銀行）、日本銀行、そして中国人民銀行に注目している。リーマンショック後の長きにわたる強気相場を明確なものとしたのはマクロの要素である。つまり、低金利と金融緩和策によって株式は歴史的水準にまで達したのだ。

　変化の早い時代においても長期的なテーマは豊富に存在する。これは旧世界に属するセクターでも、新世界に属するセクターでも同様に当てはまる。トップダウンの投資家は、電気自動車や自動運転に関連するアイデアを求めて自動車セクターを掘り返すかもしれな

図表1－3　トップダウンのアプローチ

トップダウンのアプローチ

- サイクル、ブーム、バスト
- 経済学・地政学
- 長期的変化
- 産業の変曲点

い。同様に、eコマース、クラウド、シェア経済、ソーシャルメディアといった二一世紀の長期的なテーマは大いに利益をもたらすことが証明されている。

トップダウンの投資アイデアの多くは古典的な調査から生み出されている。金融、経済、業界のメディアなど伝統的なニュースや情報を読み解くわけだ。プロのトップダウンの投資家は、現地調査やインタビュー、専門家との議論などテーマの調査に何週間も何カ月もかけるものである。

トップダウンの適切なスキルセットは経験的・定性的なことを通じて体得されることが多い。マクロ投資の達人たちは、過去のサイクルや市場の動きを直接経験したり、熟知することで自らのスキルに磨きをかけている。長期的な変化に焦点を当てている投資家についても同じことがいえる。だからといって、トップダウンの軸となることは教えられるものではない、というわけではない。

第一に、**図表1－3**にあるカテゴリーについて大いに調べ、学ぶことができる。

●**サイクル、ブーム、バスト**　シクリカルな勝者と敗者、または不人気ながらも直に底を打ちそうなセクターを見いだす能力である。ここでは歴史的な見方や深い知識がとりわけ役に立つ。

●**経済学・地政学**　ＦＲＢの政策、金利、消費者データ、失業率の水準、製造業のデータ、為替レート、国内の政策、そして世界的な地政学的出来事が株式に与える影響を理解する。

●**長期的変化**　テクノロジー、消費者の選好、人口動態、業界のダイナミズム、または予想される行政制度の変化から利益を得る、または犠牲になる企業やセクター。

●**産業の変曲点**　セクターの指標やさまざまなサイクルを企業がどのように潜り抜けるか。これは、特定の業界により大きな影響を与える原油や銅や鉄鉱石などのコモディティ価格にも関係する。

サイクル、ブーム、バスト

投資機会を見つけるためには、ビジネスサイクルを十分に理解することが必須である。よく知られたパターンや相互関係を理解することで、最適な参入や撤退を行うポイントを見いだすことができる。これは少なくとも、市場のサイクルが初期なのか、中期なのか、または後期にあるのかを認識するということである。そして、それに応じて投資をすればよい。

シクリカルな銘柄は、有利に利用できる共通の特性を持つ傾向にある。マルチプルは初期の段階で拡大し、徐々に平均値に戻り、利益が成熟する後期では縮小していくことが多い。これは将来の利益成長の期待とも関係する。つまり、期待される利益成長が大きければ大きいほど、マルチプルも高くなるのだ。

「サイクルを正しくとらえる」ことがボトムアップのすべての作業を凌駕してしまう場合もある。財務状態が優れ、強力な経営チームがいる企業の株式が興味深いものに思えても、サイクルに抗っているとしたらうまくいかないであろう。ブルーチップでさえ、一九九〇年代後半のドットコムバブルの崩壊や二〇〇八～二〇〇九年にかけてのリーマンショ

図表1－4　北米の自動車生産量と廃車台数の比較（単位＝100万台）

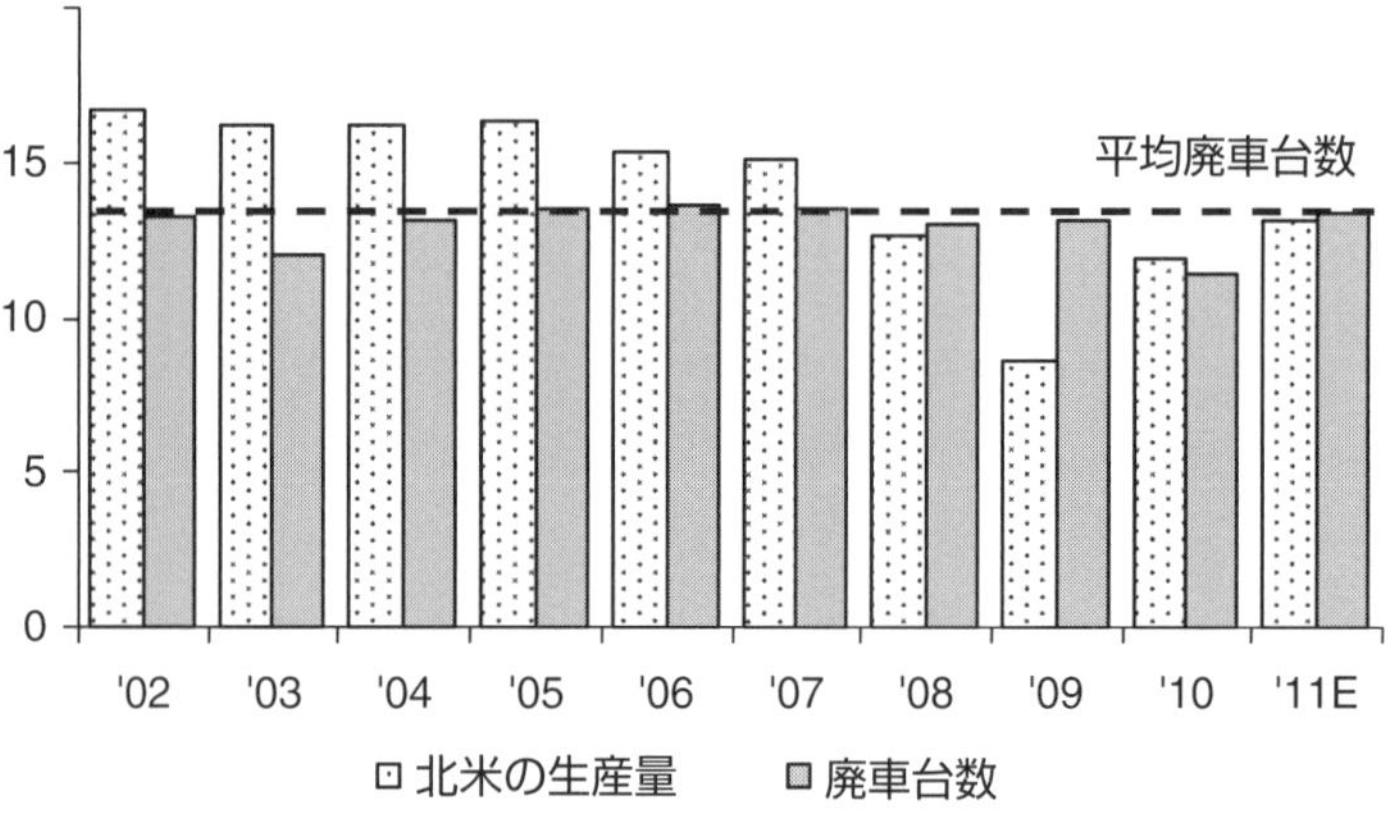

出所＝IHS Automotive バークレイズ・キャピタル

ックでは完敗だったのだ。

理想的には、サイクルの早い段階で動きたいところである。これは、セクターまたは地域や国におけるシクリカルなパターンにも当てはまることである。例えば、リーマンショックから脱出したとき、北米の自動車生産量はピーク時の水準をはるかに下回っていた。自動車生産の水準は廃車台数をはるかに下回っていた（**図表1－4**）ので、需要が繰り延べられていることは明らかであった。自動車セクターにはシクリカルな追い風が吹いていたわけで、これは二〇一一年にデルファイに投資する際のテーマに大きな影響を与えている。もちろん、この好ましいシクリカルな風が反対を向くこともある。事後検証の章を参照されたい。

セクターの場合と同様に、国や地域に関連して興味深い景気循環株を見いだすこともできる。グローバル経済はその相関を高めているが、ある時点においては明らかにアウトパフォームするものとアンダーパフォームするものが存在する。途上国市場は伝統的な先進国市場と比べると独自のリズムを持っている。また、アメリカやヨーロッパや日本などの先進国市場の間でも成長性や見通しなど劇的な違いが生まれることもある。

経済学・地政学

重要な経済データまたは地政学上のデータについて情勢分析を行うのも投資アイデアを見いだすひとつの方法である。そのデータは大ざっぱで、企業個別の情報を覆い隠してしまうかもしれない。世紀の強気トレードはリーマンショック後の世界中の中央銀行によるハト派の金融政策を青信号と解釈することを軸とする。完全雇用を促進し、インフレを制御することを負託されたＦＲＢは金利を引き下げ、株式にとって極めて好ましい環境を作りだした。

金利だけでなく、雇用データ、賃金統計、インフレ、GDP（国内総生産）成長率、消費者信頼感指数、そして税制について理解する必要がある。それらはある程度相関関係にある。例えば、賃金や失業の弱いデータは、ハト派の金融政策が続くことを示唆するものである。一方、インフレや賃金上昇率が加速すれば、FRBが先々引き締めを行う合図となる。同様に、GDP成長率、消費者信頼感指数、そして製造業生産高のデータはそれ自体得るところがあるが、FRBの行動（または無為）を見抜く一助となる。これらすべてのマクロデータを組み合わせれば、適切な投資を行うことができる。

国政選挙や政権交代や軍事衝突のような国内外の地政学上の出来事もよく観察する必要がある。地球規模での相互のつながりが強くなっている現在は、貿易、関税政策、人口移動、経済連携などのような国境をまたいだ問題も国内の出来事のようになることがある。アメリカの株式市場は、中国、ヨーロッパ、主要な途上国市場での出来事から無縁ではあり得ず、そのまた逆も真である。

二〇一六年二月、中国経済の失速が大いに懸念されたことで、クオリティーの高い企業の多くが大きく株価を下落させた。その年の後半、それらの企業は劇的な反発を見せた。これは、とりわけファンダメンタルズに基づくテーマが有効なクオリティーの高い銘柄に当てはまる。二〇一六年六月のいわゆるブレグジットに関する国民投票は一時的に市場を混乱させた。株式市場全体が大きく値を下げたが、その後すぐに回復している。

長期的変化

長期的な変化は、その風を正しく受けられる株式にとって安定した追い風となる。投資家は、テクノロジーや消費者の選好や人口動態などの地殻変動を常に探し求めている。これは、あらゆる産業や地域に及ぶものである。それでは、このような変化をどのようにして見いだすのか。

秘伝のソースの主原料は基本を保つことにある。既述のとおり、成功する投資家は世界で何が起こっているのかに注意を払う。彼らはむさぼるようにニュースを読み、日々の生活を鋭く観察している。例えば、オンラインショッピングは指数関数的に拡大している。いまやオンラインで旅行の予約をする。車を買うときも、エレクトロニクスによる新しい選択肢をたくさん勧められる。では、だれが得をし、だれが損をするのか。このようなシンプルな観察が新たな投資アイデアにつながるのである。

一方で、長期的な流行にも留意しなければならない。従来型の小売業を打ち負かしたアマゾンやeコマース現象以外のことに目を向ける必要はない。それは大勝したものたちが最終的な敗者たちからシェアを奪う、いわばゼロサムゲームなのだ。

またタイミングも重要である。実現するまでに何年もかかる長期的変化もある。それゆえ、テーマは正しくても、タイミングを外してしまうかもしれない。大きな波のように思えるものがやがて単なるさざ波であることが分かる場合もある。その間、選択した銘柄は停滞、または頓挫するかもしれない。

さらに悪いことに、長期的な視点で選んだ銘柄がダマシであることもある。とある企業の素晴らしいアイデアやそれに付随する製品が、強烈な競争を招来してしまうかもしれない。スタートアップ企業が、資本力に勝るファーストフォロワーに叩き潰された例は数えきれないのだ。

それゆえ、長期的な勝者に立ち返らなければならない。デジタル広告やスマートフォン、ソーシャルメディアに早い段階で投資をしていた人々は、アルファベットやアップルやフェイスブックなどの企業で大きなリターンを手にした。同様に、ビデオ視聴の大きな変化を認識し、ネットフリックスを支持した者たちも利益を獲得した。向こう一〇年間で、投資家は「シェア経済」や自動運転やＡＩといったさまざまな構造変化のなかで活動する最良の方法を見いだそうとするであろう。

産業の変曲点

特定のセクターを専門とする投資家もいる。消費財、エネルギー、ヘルスケア、製造業、テクノロジーといった具合だ。このような専門家たちは、かなりの経験値やネットワークやデータベースを生かして、トレンドを見いだし、見通しを評価する。どのような専門分野についてもいえることだが、この手の見識はゼネラリストと比較して優位である。

いかなるセクターでも、特定のデータが関連する銘柄を市場全体と比べて不釣り合いなほどに動かすことがある。自動車販売台数は自動車銘柄の動きに影響を与え、小売り売上高は特定の消費財メーカーに、住宅着工件数は住宅メーカーを左右する。それらはまた、独自のサイクルを有する傾向にあるが、経済全般との相関もさまざまである。

理想的には、マクロやシクリカル、かつ長期的な追い風を受けているセクターを見いだしたいところである。二〇一〇年から二〇一七年のアメリカのケーブルテレビ業界を見て

図表1－5　ブロードバンド新規加入者に占めるケーブルテレビ会社と通信会社のシェア比較

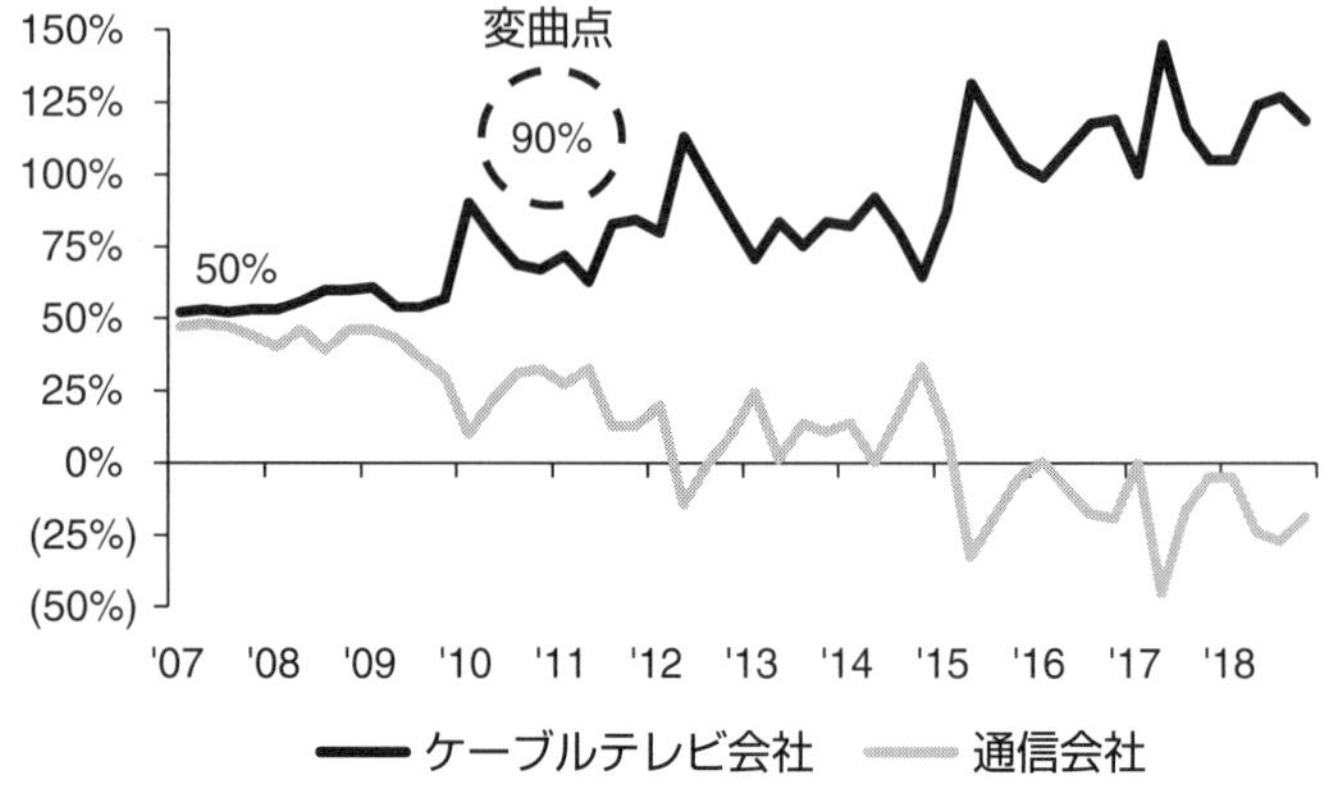

出所＝企業の申請書類

みよう。裁量支出や住宅供給と関連することを考えれば、通常、ケーブルテレビ業界は経済の拡大期に伸びる。また、その有料放送のビジネスモデルや必需品としての性質を考えると、景気後退にも比較的強い。

二〇一〇年初頭は、長期的なトレンドとマクロの回復が足並みをそろえたことで、ケーブルテレビ業界にとっては変曲点であった（**図表1－5**）。かつては、チャーター・コミュニケーションズ（ＣＨＴＲ）やコムキャスト・コーポレーション（ＣＭＣＳＡ）といった企業が、新たなインターネット加入者を巡ってＡＴ＆Ａのような伝統的な通信会社と白兵戦を繰り広げていた。しかし、やがてネットワークの信頼性に優れ、より安価により早いダウンロード速度を提供するケーブルテレビ会社が圧倒的勝者として姿を現し始めた。早い段階でケーブルテレビ会社に投資をした者たちは数年にわたり良い波に乗り、一方で通信会社の投資家はアンダーパフォームしたのである。

さらに広く見れば、業界分析はポートフォリオ内で投資機会を配分する役に立つ。シクリカルで、マクロの長期的・構造的追い風を受けるセクターを見だすことができる。例えば、特定の新メディアやハイテク分野でダイナミックな成長を見いだしたら、それに応じてオーバーウエートし、一方で逆風を受けているセクターを回避し、空売りすることもできるだろう。

重要なポイント

- 投資アイデアを生み出す方法は、一般的な業界紙誌に目を通すことから、日々の生活での観察、さらにはより洗練されたスクリーニングまで、その形は多岐にわたる。
- ボトムアップでは、個別企業のファンダメンタルズに焦点を当て、一方、トップダウンではマクロや長期的テーマに基づいて投資アイデアを探す。

●トップダウンでは、経済的・地政学的牽引役となるもの、またサイクルや長期的変化に焦点を当てる。

●割安となっている企業や、M&A、スピンオフ、IPO、リストラクチャリングや事業再生、自社株買いや配当といった機会のなかに投資アイデアを求める。

●最も「割安な」銘柄にはそれなりの理由がある。重要なのは市場に誤解されているがために割安となっている銘柄を見つけることである。

●M&Aを主眼とするアプローチも、業態を変える取引、業界内の統合、適切なターゲット企業、実績ある買収者など、その形は多岐にわたる。

●理想を言えば、マクロまたはシクリカルで、長期的な追い風を受けているセクターの銘柄を見だしたい。

ステップ

2

最良のアイデアを見いだす

投資アイデアのリストを手にしたら、次は何をするべきか

第1章のステップ1で概説した投資アイデアを生み出すプロセスは、さらなる検討に値する銘柄の一覧を作ることを目的としている。だが、この「一覧表」には数十以上の投資アイデアが含まれることになるかもしれない。では、どのようにして、これらすべての投資機会を規律正しく分析するのか。

プロたちは、まず系統だったプロセスを利用して投資候補をふるいにかけ、さらなる検討に値するかどうかを評価している。この第2章では、これを実行するために役立つ枠組みと、それに伴うテンプレートを示していく。投資テーマ、ビジネスモデル、経営陣、リスクと留意事項、そして財務とバリュエーションを枠組みの中心に据えている。

投資アイデアを選別する際、プロたちは通常、過去の勝者と敗者に関する情報をもとに

した特定の要件や「境界線」を適用する。それらは、規模、成長率、収益性、レバレッジ、またはバリュエーションに関連する財務指標に基づくもので、例えば、時価総額が一〇億ドル以上で、利益成長が年一〇％を超え、レバレッジは三倍以下の企業といった具合である。消費財や製造業や通信といった特定のセクター、またはM＆Aやスピンオフや事業再生などのシチュエーションに焦点を当てる者もいる。時間をかけて独自の規則を開発すればよい。だが、投資で成功するためには、継続的な学習と順応性が求められることを肝に銘ずるべきである。境界線はいつでも考え直す必要がある。

最初のリストを見直していると、いくつかのアイデアがコアとなる投資対象としてページから飛び出してくるかもしれない。だが、たいていの場合、アップサイドが最も大きなアイデアはそれほどはっきりとは分からない。株式の真価を発見するまでには詳細に調査し、また懐疑論に抗う必要があることが多いのである。

第1章のステップ1で紹介したIPO（新規株式公開）の例に戻ると、デルファイはさらなる検討に値する銘柄として傑出していた。破綻の傷跡はいまだ色濃く、同社の事業の見直しも実証されていなかった。これは多くの投資家が避けて通っているということである。競合他社に比べバリュエーションが大幅に割り引かれていたことも魅力を増す要因で

図表2－1　投資アイデアを見直す枠組み

投資アイデアを見直す枠組み	
一．投資テーマ	四．リスクと留意事項
二．事業の概況	五．財務とバリュエーション
三．経営陣	

あった。この第2章のステップ2では、われわれの枠組みを用いて、投資機会をさらに精査していく。

投資アイデアを見直す枠組み

図表2－1の枠組みは、整然と、かつ簡潔な方法で最良のアイデアを見いだす一助となるよう作られている。また、あらゆる種類の投資に一貫して利用できる。この枠組みに精通し、独自の投資要件を設けることで、明らかな外れ値を即座に除外し、勝者となる可能性のあるものをかぎわけられるようになるであろう。

図表2－2Aと**図表2－2B**に「投資メモのテンプレート」を示しているが、これは潜在的な投資機会を系統立てて調査するのに役立つ。われわれは、二〇一一年一一月のIPO時のデルファイをケーススタディに用いている。

図表2－2A　投資メモのテンプレート

デルファイ・オートモーティブ（DLPH）2011年11月

一．投資テーマ

●**事業の原理**　一流の自動車部品メーカーで、世界的な自動車販売のシクリカルな回復、および規制や消費者の選好に後押しされた「安全、環境への配慮、相互接続」という長期的なトレンド、さらには中国の桁外れの成長から利益を得る。破綻状態から脱出したあとは、製品ポートフォリオは集中特化され、製造面でのコストを重視し、バランスシートも健全なものとなった。

●**経営陣**　GMとデルファイの生え抜きで、破綻期間中に不採算事業からの撤退、競争力のない費用構造の見直し、そして過大な債務負担の軽減に取り組んだロッド・オニール率いる賢明なチームであり、株主価値の創出に集中する積極的な取締役会から支持を受けている。

●**成長性**　1台当たり部品数の増加による小型車の生産量を上回る売り上げの伸び、新しいプラットフォーム向けの製品普及率の向上、そして自社株買いに後押しされ、向こう数年間でEPSは年平均10数％の成長が期待される。

●**利益率**　製品ミックス、営業レバレッジ、労働力の90％をコスト効率の最も高い国々に移管させたことによって、EBITDAマージンは向こう数年間で10％台前半から半ば（同業種で最高水準）まで改善を示すと予想される。

●**資本還元**　IPOに先立ちGMが保有する43億ドル分の自社株買いを行ったが、レバレッジが純額でたった0.3倍、向こう5年間で大きな債務の返済予定はなく、14億5000万ドルの現金を保有しているので、将来的に自社株買いと配当が合わせて行われることが期待される。

●**M&A**　エンジニアリング部品などの主要分野で、市場シェアの拡大や生産規模の拡張などを目的にM&Aが行われる可能性があり、基礎となる事業の見直しにつながるポートフォリオのさらなる整理が行われる機会となり得る。

●**バリュエーション**　2013年の予想値でEV/EBITDAが3.5倍、PERが5倍、FCFイールドが最大15％と「系列」部品メーカーと同様の評価を受けているが、製品ミックスや利益率、成長性を勘案すれば、マルチプルのより高い「長期的な成長企業」として評価されるべきである。

●**カタリスト**　利益成長の加速、ボルトオン型の買収、非中核事業の売却、新たな自社株買いや配当計画、そして現在の主要株主たちによる最終的な売却

二．事業の概況

●**企業概要**　世界の自動車・商用車市場向けに、電装全般、電子部品、パワートレイン、セキュリティシステム、そしてサーマルシステムを提供する自動車部品メーカーである。30カ国に110の製造拠点を持ち、10万2000人の従業員を抱えている。

●**製品・サービス**　電装部品（売上高の40％を占める。コネクター、ワイヤーハーネス、エレクトリカルセンター）、パワートレインシステム（同30％、燃料噴射装置、燃焼機関、電子制御装置）、電子部品およびセキュリティシステム（同19％、ボディコントロール、受信システム、インフォテイメント）、サーマル（同11％、冷暖房システム）

●**顧客・エンドマーケット**　世界の最大規模の完成車メーカー（「OEMs」）25社すべて。売上高の21％がGM向け、9％がフォード、8％がVW、6％がダイムラー、5％がプジョー、4％がルノー、3％がフィアットグループ。売れ筋モデルのほとんどで同社の製品が利用されている。

●**競合他社**　業界内で70％のシェアを持ち、ナンバー1かナンバー2の地位を占めている。主たる競合他社としては、ボルグワーナー、ボッシュ、コンチネンタル、デンソー、ハーマン、住友、矢崎総業がある。

●**地域的イクスポージャー**　北米が33％、ヨーロッパが43％、アジアが16％、南アメリカが8％（2010年時点）。向こう5年間でアジアにおける売上高の増大は50％を超えるものと期待される。

三．経営陣

●**ロッド・オニールCEO**　持ち株は3000万ドル相当。2007年1月からCEO、2005年1月からCOO、GMおよびデルファイに40年間勤務している。

◎トラックレコード――取締役会と主要株主たちの支持のもと、デルファイのリストラクチャリングを指揮。製品ラインを119から33に、事業セグメントを7つから4つに縮小し、時給の引き下げ、非正規雇用を増大させ、営業利益を13億ドルのマイナスから17億ドルのプラスまで改善させた。

◎報酬体系――時価総額の閾値、およびEBITDA（70％加重）、FCF（20％）、売上高（10％）といった財務パフォーマンスの指標の達成度と結びつけられている。

◎評判――業界の専門家である。「顧客との関係に強みを持ち、取引をまとめるために時間のほとんどを費やす。率先して組織を引っ張り、彼の周りには業界の優秀な人材が集まっている」

●**ケビン・クラークCFO**　持ち株は1500万ドル相当で、2011年7月からCFOを務める。プライベートエクイティの共同創業者であり、かつてフィッシャー・サイエンティフィック（2001～06年）のCFOを務め、年間利益を年平均20％、EPSを27％増大させる一翼を担った。

四．リスクと留意事項

●**自動車の景気循環**　基本となる事業は生産水準に関係する。先の景気後退期、自動車の生産量は最盛期に比べ北米でマイナス43％、世界全体でマイナス15％となった。

●**ヨーロッパへのイクスポージャー**　マクロ状況や高水準の在庫を勘案すると、EU域内の生産水準は短期的に下落することが予想されている。主に国際市場に輸出されるヨーロッパの高級車向けの売上は25％減少する。

●**中国と途上国市場**　経済状況が潜在的に不安定で、地元市場の競争は厳しい。

●**為替**　収益の65％が北米外で生み出されているので、メキシコ・ペソ、ユーロ、中国元、そしてイギリス・ポンドへのイクスポージャーを考えると報告利益は変動しやすい。

●**原材料**　主たる生産要素は銅と樹脂であり、これらコモディティ価格が急激に上昇した場合、価格に転嫁できるかどうかにかかっている。

図表2－2B　投資メモのテンプレート（続き）

デルファイ・オートモーティブ（DLPH）

（100万ドル、１株当たりのデータを除く、100万株）　期末日　12月31日

五．財務とバリュエーション

セクター	自動車
企業の格付け	Ba2 / BB

市場データ

株価	52週リターン	52週高値に対する割合	希薄化後株式数	時価総額	エンタープライズバリュー	１日の平均出来高
$22.00	NA	100%	328	$7,221	$8,501	NA

財務サマリー

	過去			予想		
	2009年実現	2010年実現	2011年予想	2012年予想	2013年予想	2014年予想
売上高	$11,755	$13,817	$16,039	$16,594	$18,023	$19,507
成長率（%）	(30.1%)	17.5%	16.1%	3.5%	8.6%	8.2%
総利益	$228	$2,049	$2,526	$2,671	$2,991	$3,335
利益率（%）	1.9%	14.8%	15.7%	16.1%	16.6%	17.1%
EBITDA	$84	$1,633	$2,044	$2,157	$2,433	$2,731
利益率（%）	0.7%	11.8%	12.7%	13.0%	13.5%	14.0%
成長率（%）	NM	NM	25.2%	5.5%	12.8%	12.2%
減価償却	$679	$421	$478	$490	$532	$575
純利益	($866)	$631	$1,072	$1,180	$1,371	$1,577
利益率（%）	(7.4%)	4.6%	6.7%	7.1%	7.6%	8.1%
希薄化後株式数	686	686	328	324	314	304
EPS	($1.26)	$0.92	$3.27	$3.65	$4.36	$5.19
成長率（%）	NM	NM	255.0%	11.7%	19.7%	19.0%
営業キャッシュフロー	($98)	$1,142	$1,356	$1,639	$1,836	$2,083
資本支出（マイナス）	(409)	(500)	(629)	(747)	(811)	(878)
フリーキャッシュフロー	($507)	$642	$727	$892	$1,025	$1,205
成長率（%）	NM	NM	13.2%	22.8%	14.9%	17.5%
１株当たりFCF	($0.74)	$0.94	$2.21	$2.76	$3.26	$3.97
成長率（%）	NM	NM	136.7%	24.5%	18.4%	21.5%

信用指標

金利費用	8	30	123	123	121	120
負債合計	396	289	2,103	2,028	1,992	1,956
現金	3,107	3,219	1,455	2,012	2,651	3,370
EBITDA / 金利費用	10.5x	54.4x	16.6x	17.5x	20.0x	22.7x
(EBITDA－資本支出)/金利費用	NM	37.8x	11.5x	11.5x	13.4x	15.4x
負債 / 金利費用	4.7x	0.2x	1.0x	0.9x	0.8x	0.7x
純有利子負債 / EBITDA	NM	(1.8x)	0.3x	0.0x	(0.3x)	(0.5x)

バリュエーションとリターン

EV / 売上高	0.7x	0.6x	0.5x	0.5x	0.5x	0.4x
EV / EBITDA	NM	5.2x	4.2x	3.9x	3.5x	3.1x
P / E	NM	23.9x	6.7x	6.0x	5.0x	4.2x
P / FCF	NM	23.5x	9.9x	8.0x	6.7x	5.5x
FCFイールド	NM	4.3%	10.1%	12.5%	14.8%	18.0%
ROIC	NM	12.6%	20.5%	22.3%	25.4%	28.8%
配当利回り	-	-	-	-	-	-
自社株買い	$0	$0	$4,738	$250	$350	$450

類似企業

		EV / EBITDA		PER		FCFイールド		純有利子負債/	EBITDA		EPS年平
企業名	ティッカー	12E	13E	12E	13E	12E	13E	EBITDA	マージン	ROIC	均成長率
オートリブ	ALV	4.2x	4.0x	7.9x	7.6x	9.6%	9.8%	0.6x	14%	16%	2%
ボルグワーナー	BWA	7.8x	6.8x	13.1x	11.0x	5.9%	7.2%	1.8x	15%	13%	17%
ハーマン	HAR	6.0x	5.3x	13.5x	11.9x	8.2%	8.2%	1.3x	10%	7%	17%
マグナ	MGA	3.5x	3.1x	7.7x	6.5x	8.6%	10.5%	0.1x	7%	9%	15%
テネコ	TEN	4.3x	3.8x	8.4x	7.0x	9.7%	11.3%	2.2x	8%	14%	NM
デルファイ	**DLPH**	**3.9x**	**3.5x**	**6.0x**	**5.0x**	**12.5%**	**14.8%**	**1.0x**	**13%**	**21%**	**17%**
平均		**5.1x**	**4.6x**	**10.1x**	**8.8x**	**8.4%**	**9.4%**	**1.2x**	**11%**	**12%**	**16%**

これを踏まえ、以下の作業でその銘柄がその時点で魅力的な投資となる要素があるかどうかを評価する。

投資メモはプロたちにとって主たるツールである。彼らは整然とした見直しのプロセスを踏み、そしてチームのメンバーや投資委員会と効率的に共有できるようにしている。テンプレートの各欄は、前述の投資アイデアを見直す枠組みと対応している。われわれのテンプレートは見開き一枚の簡潔なものであるが、投資メモはもっと長いものともなり得る。

これから、テンプレートの各欄を検証していく。これはマイクロソフトのエクセルをベースに作成したもので、セクターやシチュエーションに応じてカスタマイズすることができる。また、われわれのウェブサイト（https://investinglikethepros.com/）にも掲載してある。テンプレートにある多くの用語は現時点ではちんぷんかんぷんかもしれないが、ご容赦いただきたい。それらは本書を通じて詳細に説明していく。

一．投資テーマ

投資テーマとはまさにその名のとおり、ある銘柄を保有する根拠となる主たる利点のこ

図表2－3　投資テーマの構成要素

投資テーマの構成要素	
●事業の原理	●資本還元
●経営陣	●M&A
●成長性	●バリュエーション
●利益率	●カタリスト

とである。これは投資判断のまさに基礎となるものであり、その銘柄を保有する価値があると考える理由を正当化するものである。

テーマは簡潔で、整理され、分かりやすくあるべきだ。また、十分に吟味される必要がある。潜在的な強みはリスクに見合うものでなければならず、重大な疑問について十分に安心できるものでなければならない。**図表2－3**に、投資テーマの主たる構成要素を提示した。

次にデルファイの投資テーマを具体的に記していくが、これは**図表2－2A**に対応するものである。

●事業の原理　どうして同社を保有する価値があるのか。同社の秘伝のソースは何か。どうすればうまくいくのか。かなり明白なものとなり得る場合もあるが……たいていは持続可能な優位性またはモート（堀）が存在するかどうかを見いだすためにさらに詳しく調査しなければならない。
○デルファイ――一流の自動車部品メーカーで、世界的な自動車販売のシクリカルな回復と規制や消費者の選好に後押しされた「安全、環境への配慮、相互接続」という長期的なトレンド、さらには中国の桁外れの成長から利益を得る。破綻状態から脱出したあとは、製品ポートフォリオは集中特化され、製造面でのコストを重視し、バランスシートも健全なものとなった。

●経営陣　事業の運営や株主価値の提供という点について経営陣のトラックレコードはどのようなものか。取締役会は企業の戦略やビジョンを具体化する助けとなるよう積極的に役割を果たしているのか。
○デルファイ――GMとデルファイの生え抜きで、破綻期間中に不採算事業からの撤退や競争力のない費用構造の見直し、そして過大な債務負担の軽減に取り組んだロッド・オニール率いる賢明なチームであり、株主価値の創出に集中する積極的な取締役会から支持を受けている。

●成長性　同社の成長速度はどれほどか。それは持続可能か。主に本業の成長によるものか、買収に後押しされたものか、それともそれらの組み合わせなのか。長期的なトレンドはどうか。競合他社に比べて成長率はどうか。自社株買い、借り換え、繰越欠損金（NOLs。繰越欠損金とは前期に繰り延べた損失で、将来の課税所得と相殺することができる）といった何らかの財務利益や非経常利益に後押しされているのか。

○デルファイ――一台当たり部品数の増加による小型車の生産量を上回る売り上げの伸び、新しいプラットフォーム向けの製品普及率の向上、そして自社株買いに後押しされ、向こう数年間でEPS（一株当たり利益）は年平均一〇数％の成長が期待される。

●利益率

利益率は過去の水準と比べてどうか。トレンドはどうか。競合他社と比べて高いのか低いのか。低いのであれば、費用削減や営業レバレッジ（売上高の一ドルの増分が営業利益の増分に転嫁されている度合い）、価格決定力、製品ミックスなど改善への道筋ははっきりしているのか。高いのであれば、同社は費用面での優位性があるのか、規模の効率性があるのか。さもなければ、原材料価格へのヘッジや競合他社のつまずきゆえの一時的な利益にすぎないのか。

○デルファイ――製品ミックス、営業レバレッジ、労働力の九〇％をコスト効率の最も高い国々に移管させたことによって、EBITDAマージンは向こう数年間で一〇％

台前半から半ば（同業種で最高水準）まで改善を示すと予想される。

●**資本還元**　実行中の自社株買い、または配当の計画はあるのか。自社株買いや配当水準の増大を可能にするだけの十分なFCF（フリーキャッシュフロー）が生み出されているか、またはバランスシートに余力はあるのか。

○デルファイ――IPOに先立ちGMが保有する四三億ドル分の自社株買いを行ったが、レバレッジが純額でたった〇・三倍、向こう五年間で大きな債務の返済予定はなく、一四・五億ドルの現金を保有しているので、将来的に自社株買いと配当が合わせて行われることが期待される。

●**M&A**　同社のM&Aのトラックレコードはどうか。現在のM&Aと資金調達の環境はどのようなものか。実行可能で、売り手側にその動機があるターゲット企業は存在するのか。資産価格は合理的なのか。同社自身が潜在的なターゲット企業ではないのか。スピンオフまたは売却が可能な非中核資産を有しているのか。

○デルファイ――エンジニアリング部品などの主要分野で、市場シェアの拡大や生産規模の拡張などを目的にM&Aが行われる可能性があり、基礎となる事業の見直しにつながるポートフォリオのさらなる整理が行われる機会となり得る。

●**バリュエーション**　競合他社や市場と比べてプレミアムがついて取引されているのか、割り引かれているのか。それはなぜなのか。現在のバリュエーションを過去の水準と比べるとどうか。事業の質や成長見通し、潜在的な利益率やリターンと比較して株価は割安なのか。

○デルファイ――二〇一三年の予想値でＥＶ／ＥＢＩＴＤＡが三・五倍、ＰＥＲ（株価収益率）が五倍、ＦＣＦイールドが最大一五％と「系列」部品メーカーと同様の評価を受けているが、製品ミックスや利益率、成長性を勘案すれば、マルチプルのより高い「長期的な成長企業」として評価されるべきである。

●**カタリスト**　株価の上昇につながる、短期的・中期的・長期的なカタリストは存在するのか。利益予測を上回りそうか、またはガイダンスを引き上げる可能性はあるのか。新製品の投入がインパクトをもたらすことが期待できるのか。新たな自社株買い計画や配当の発表は期待できるのか。同社にＭ＆Ａや非中核部門のスピンオフを実行する意向はあるのか。アクティビストが参入し、大規模な変革を強要する可能性はあるのか。

○デルファイ――利益成長の加速、ボルトオン型の買収、非中核事業の売却、新たな自社株買いや配当計画、そして現在の主要株主たちによる最終的な売却。

二．事業の概況

「その企業が実際に何をしているのか」を理解することは投資テーマにとって極めて重要である。単純なことだが、それでも実際に自分たちが買っている株式の向こう側にある事業を理解している人はほとんどいない。

今度カクテルパーティーで株式を売り込んでくる人物に出会ったら、「その会社は何をしているのか」または「どのようにしてお金を稼いでいるのか」と聞いてみるべきだ。FAANG銘柄の一つでトライしてみればよい。実際のところ彼らはどのようにして利益を生み出しているのか。気まずい沈黙にも、言い逃れにも驚いてはならない。

では、事業を理解するプロセスはどこから始まるのか。まずは企業のウェブサイト、SEC（証券取引委員会）への提出資料の10－K（10－Kは、上場企業がSECに提出を義務づけられている年次報告書で、企業の全体像と前年の業績が記されている。通常、企業の会計年度末から六〇日以内に提出される。SECへの提出書類は企業のウェブサイト、または https://www.sec.gov/ で入手できる）、10－Q（10－Qは、通常企業の四半期末から四五日以内にSECに提出される四半期報告書である）、該当があればS－1（S－

図表2－4　事業の概況

事業の概況	
●企業概要	●競合他社
●製品・サービス	●地域的イクスポージャー
●顧客・エンドマーケット	

1は、株式公開やアメリカの証券取引所への上場を意図している企業がSECに提出する発行届出書である）、そして最近の投資家向けプレゼンテーション（企業のウェブサイトの「インベスターリレーション」または「投資家向け」の欄を参照のこと）を見直すことから始めることを勧める。取り急ぎ、必要な情報を集めるにはセルサイドの調査リポートも有効である。幸運なことに、証券口座（ほとんどの証券会社は個人投資家に社内または関係先の調査リポートを提供している）があれば調査リポートを入手できるはずである。

企業概要に加え、われわれの投資メモのテンプレートで重要となるのは、製品・サービス、顧客・エンドマーケット、競合や地域的イクスポージャーである（**図表2－4**）。

企業概要

企業の中核事業を理解することは、この後に続くすべての入り口である。企業概要の欄にはデルファイについて次のように記している。

「世界の自動車や商用車市場向けに、電装全般と電子部品、パワートレイン、セキュリティシステム、そしてサーマルシステムを提供する自動車部品メーカーである。三〇カ国に一一〇の製造拠点を持ち、一〇万二〇〇〇人の従業員を抱えている」

すべての上場会社はセクターごとに分類されているが、これは自ら活動している業界や市場のことを指し示している。例を挙げれば、消費財、ヘルスケア、工業、テクノロジーなどである。これらの分類をさらにサブセクターや地域単位に分類することもある。セクターや地域的な分類は、成長の原動力や競争のダイナミズム、そしてリスクについて重要な洞察をもたらす大切なものである。市場関係者はこれらの分類に従って、バリュエーションを考えることになる。

例えば、デルファイは自動車セクターの製造業者で、自動車部品メーカーのサブセクターに属し、全世界で操業し、中国でかなりの規模の事業を行っている。デルファイの分類は分かりやすいが、説明がさらに難しい企業もある。思いつくのはアマゾンだが、同社はハイテク企業なのか、小売業なのか、物流会社なのか、または未確定の何かなのか。

セクターやサブセクターや地域的分類以上に企業概要にはデルファイに関する重要な情報が記されている。第一に、同社は自動車のＯＥＭ（自動車のＯＥＭ［original equipment manufacturers］事業で、ＧＭ、フォード、フォルクスワーゲンといった自動車やトラックのメーカーのことである）に部品を供給している。これは、同社の売上高は世界的な自動車需要とそれに付随する機会や困難に左右されるということだ。次に、同社は大きな顧客ベースを持ち、多くの国々で操業しているが、これは規模の優位性と世界展開を示唆している。

製品・サービス

製品とサービスは企業のビジネスモデルのコアを成すものである。主要製品のカテゴリーは明解で、自動車部品、食品飲料、モバイル機器、処方薬、鉄鋼といった具合である。これはコモディティから専門品まで幅広い。主要なサービスとしては、銀行業、コンサルティング業、流通、宿泊施設、電気通信などがある。
製品・サービス欄にはデルファイの主要製品のリストが挙げられている。

「電装部品（売上高の四〇％を占める。コネクター、ワイヤーハーネス、エレクトリカルセンター）、パワートレインシステム（同三〇％、燃料噴射装置、燃焼機関、電子制御装置）、電子部品やセキュリティシステム（同一九％、ボディコントロール、受信システム、インフォテイメント）、サーマル（同一一％、冷暖房システム）」

デルファイの主要な製品やサービスは、力強い長期的な成長のダイナミズムに支えられている。規制の強化によって、自動車の安全性や燃料効率の向上が推進されている。一方、消費者は、自動車のコネクティビティやインフォテイメントの拡充を求めている。ステップ1にあるように、長期的な原動力は市場を上回る成長を約束し、一方で、同社が市場の変動やシクリカリティを免れる一助となっている。
企業の主要製品を詳しく調べるにあたっては、企業のウェブサイトで写真や説明を見直すことを勧めたい。ステップ2の水準を超えるより詳細な調査をするには、可能な範囲で自ら製品やサービスを試すことである。それらは唯一無二のものであろうか。顧客にとって不可欠なものであろうか。より安価な代替品は存在するか。当該セクターの生態系のなかでどこに位置しているか。これらの項目が事業の長期的な持続可能性を支えることになる。

顧客・エンドマーケット

顧客とは、企業の製品やサービスの購入者のことである。企業の顧客の質や多様性は重要である。広範な顧客ベースに仕える事業もあれば、専門的なニッチ市場を対象とした事業もある。

顧客の集中度が低いと、通常はリスクがより低いと解釈される。同時に、大きな顧客ベースと長年にわたる関係があれば、将来のキャッシュフローを見通しやすくなる。

エンドマーケットとは、企業が製品やサービスを販売する対象となる市場のことである。ある企業は建設市場向けに販売しているが、住宅メーカーではなく、消費者や卸売業者を対象としているかもしれない。

デルファイの顧客・エンドマーケットの欄には同社が製品を販売する先について次のよ

うに記してある。

「世界の最大規模の完成車メーカー（「ＯＥＭｓ」）二五社すべて。売上高の二一％がＧＭ向け、九％がフォード、八％がＶＷ（フォルクスワーゲン）、六％がダイムラー、五％がプジョー、四％がルノー、三％がフィアットグループ。売れ筋モデルのほとんどで同社の製品が利用されている」

デルファイは、ほんの一〇年前まではＧＭに七五％以上依存していたが、その後長い時間をかけて顧客ベースを大幅に分散した。ＩＰＯ時点では、ＧＭは売上高の一〇％超を占める一顧客にすぎなかった。さらに、デルファイの製品は、アメリカの売れ筋となった上位二〇種の自動車のうち一七車種で利用され、中国では主要車種の六五％、ヨーロッパではトップモデルのすべてで利用されている。この分散は、一つの顧客やモデルや地域が頓挫した際には有効であるが、途上国市場へのイクスポージャーによってボラティリティは高まってしまう。

競合他社

特定の業界内でのプレーヤーの数や、それらの相互作用の特質はあらゆる企業の成功にとって極めて重要なものである。競合他社は、似たような製品やサービスを提供する企業が存在しない独占状態から、ごく少数の寡占、そして何十社も存在する状態まで幅広い。たいてい競合他社の数は少なければ少ないほど良い。しかし、この関係性は絶対確実ではない。一～二社の企業が競争環境を一変させることもある。同様に、多くのプレーヤーが存在する業界でも、彼らの行動次第では魅力的なものとなる。

デルファイの競合他社の欄には次のようにある。

「業界内で七〇％のシェアを持ち、ナンバー1かナンバー2の地位を占めている。主たる競合他社としては、ボルグワーナー、ボッシュ、コンチネンタル、デンソー、ハーマン、住友、矢崎総業がある」

「新生デルファイ」は戦略的にポートフォリオを再構成し、自らが首位にあり、勝てる体制ができている、長期的な成長分野に焦点を当てている。これは、すべての者たちにすべての品を提供しようとした「旧デルファイ」からの明確な脱却であった。最終的に製品数は一一九から三三に減少した。

これは、デルファイが広範な競合他社と差別化を始めたということである。同社は、真の世界的競合他社は数社しか存在しないハイエンドな専門部品メーカーのカテゴリーに移行したのである。このサブカテゴリーは極めて競争が厳しいが、デルファイは競合他社に対して幾つかの優位性を有している。

競争の視点からすると、デルファイの戦略的な世界展開と低いコスト構造はサービス、品質、価格面で優位性をもたらした。また同社は広範囲の製品スペックを既存や新規のプラットフォームに合わせて改良し、顧客の囲い込みを強化している。さらに、エンジニアリングを大切にする同社の新たな企業文化は次世代の製品を生み出している。

ロッド・オニール率いる同社の経営陣と積極的な取締役会との強固な結びつきも重要な差別化要因である。彼らは共に価値の創造に焦点を当てる文化を育み、それを全社に浸透させた。これは、継続的なコスト改善、資本の効率的な配分、業務執行と財務の向上に表れている。

地域的イクスポージャー

企業はその拠点、そして取引相手のいる地域によって、主要なビジネスドライバーや特徴という点で大きな差異が生まれる。基本的に、成長率、競争のダイナミズム、市場への投入方法、費用構造、機会・リスクに違いが生まれる傾向がある。

例えば、アメリカ中心の事業では、広く世界で活動するそれとは取り組み方が異なる可能性があろう。為替も財務パフォーマンスの一役を担うことになる。結果として、事業それ自体は似たような企業が、その立ち位置ゆえに財務パフォーマンスやバリュエーションが大きく異なるものとなる場合がある。

デルファイの地域的イクスポージャーの欄には次のようにある。

「北米が三三%、ヨーロッパが四三%、アジアが一六%、南アメリカが八%（二〇一〇年時点）。向こう五年間でアジアにおける売上高の増大は五〇%を超えるものと期待される」

デルファイの広範な地域ミックスは機会もリスクも生み出した。北米は、世界で最も信頼できる市場における安定した足場となる。アジア、とりわけ中国は世界最大にして最も成長の早い市場における大きなリターンを約束するものであった。一方、ヨーロッパはデルファイの売上高に占める割合は最大であるが、成熟した市場で、将来の自動車生産の減少という短期的逆風に直面した。これら独自の市場における見通しと示唆については第3章のステップ3で詳細に検討する。

三．経営陣

優秀なCEO（最高経営責任者）は、株主価値を深く理解し、そしてそれに焦点を当てる。彼らはキャッシュフロー、リターン、そして一株当たりの指標の増大に直接つながる確実な戦略を構築し、実行することに長けている。一流のCEOは投資家とのコミュニケーションにも優れ、自らの戦略と自分たちの企業の株式に対する投資機会とを効果的に語る。もちろん、会話はあくまで会話にすぎない。彼らのビジョンは業績によって裏付けられなければならない。同じことが、CFO（最高財務責任者）やCOO（最高執行責任者）、取締役といった企業の戦略には不可欠な他の重要人物たちにも当てはまる。

図表2−5　経営陣の評価

経営陣の評価	
●トラックレコード	●評判
●報酬体系	

投資家は馬に賭けるべきか、ジョッキーに賭けるべきかを議論することが多い。多くの人は馬を固く信じているのだが、それは最高のＣＥＯでさえ、根本的に欠陥のある企業を立て直すことはできないと考えていることを示唆している。もしくは、「優れた事業は何もしなくても進む」ということだ。では、なぜ議論になるのか。偉大なＣＥＯと経営陣を頂く競争力ある事業があればよいのではないか。

事業内容にかかわらず経営陣はその成功にとって重要な存在であることに同意しない人はほとんどいない。少なくとも、優良企業にはそれを維持するための優秀なリーダーが必要なのだ。より現実的には、彼らは業績を伸ばし、競合他社の一歩先を行くことを日々求められている。反対に、問題を抱えた企業は、困難を潜り抜け、立ち直らせるために熟練の経営陣を必要としているのである。

企業経営者の評価はデューデリジェンスの基本である。多くの投資家にとって優秀なＣＥＯは最低条件である。投資家たちの間でほとんどカルトのようにあがめられるＣＥＯもいる。**図表２－５**には、ＣＥＯや経営陣の質を評価するための基本的な枠組みを記してある。

トラックレコード

おそらくＣＥＯの質を占う最良の指標はトラックレコードであろうが、とりわけ株主利益率が重要である。当該ＣＥＯの指揮の下での株価のパフォーマンスを、競合他社やＳ＆Ｐ五〇〇といった指数と比較検討してみればよい。また、絶対値や相対値を基準に売上高や利益の成長率も調査すべきである。

もちろん、過去のトラックレコードがミスリードとなる場合もあるし、「過去の業績は常に将来の成功を示すものとは限らない」。良好な業界トレンドを、ＣＥＯの業績なのか、偶然の幸運なのか見定めるのは難しいかもしれない。だが、複数の企業やさまざまな景気循環期に競合他社をアウトパフォームしてきた安定したトラックレコードがあれば、魅力的である。

そのようなＣＥＯの一人が、伝説的な価値創造者であるジョン・マローンである。一九七三年からＡＴ＆Ｔに買収される一九九九年までテレ・コミュニケーションズ（ＴＣＩ）を率いたマローンは、株価を分割後でほんの〇・二五ドルから六五ドルまで上昇させた。これは、同時期のＳ＆Ｐ五〇〇が一四％であったのに対し、年率で三〇％のリターンを上げたことになる。以来、マローンは数多くの上場企業に参画しているが、それらは市場を上回るリターンを生み出している。

デルファイでは、ロッド・オニールが二〇〇五年一月にＣＯＯに就任し、二〇〇七年一月にはＣＥＯに昇進した。コスト構造に競争力を欠いた破綻企業の指揮を任されたオニールは、チームを率いて大胆な活動計画を実行した。デルファイは、製品数を劇的に削減し、負担となっていた労働協約を廃止し、時間給労働者の九一％をコスト効率の最も良い国に移管し、多数の赤字部門を処分した。

オニールの主たる右腕であるＣＦＯのケビン・クラークにはフィッシャー・サイエンティフィック時代に実証されたトラックレコードがある。彼は、特にコスト管理や資本配分やＭ＆Ａの分野でその力量を証明してきた。さらに、会長のジャック・クロールは、世界最大にして、最も洗練された化学会社であるデュポンでの三〇年に及ぶ成功というトラックレコードを引っ提げてデルファイにやってきたのだ。

図表2－6　デルファイの転換

デルファイの転換	2005年	2010年	差異（%）
ビジネス指標			
製品数	119	33	(72%)
事業セグメント	7	4	(43%)
従業員数	200K	102K	(49%)
UAW加入者数	23K	-	(100%)
BCCでの雇用が占める割合	30%	91%	61%
年金とその他退職給付金債務	8%	30%	22%
販管費	$9.2bn	$0.7bn	(92%)
資本支出	$1.6bn	$0.9bn	(44%)
キャペックス	$1.2bn	$0.5bn	(58%)
売上構成			
地域構成			
北米	68%	33%	(35%)
ヨーロッパ	25%	43%	18%
アジア太平洋	2%	16%	14%
南米	5%	8%	3%
顧客構成			
ゼネラルモーターズ	48%	21%	(27%)
フォード	5%	9%	4%
フォルクスワーゲン	3%	8%	5%

図表2－6は、経営陣がとった行動のインパクトを示している。

報酬体系

経営幹部による株式保有と報酬体系もまた有益な情報である。野心的な業績目標や株価目標と結びついた株式によるインセンティブは信念のほどを示唆する傾向にある。

ＣＥＯのロッド・オニールとＣＦＯのケビン・クラークには、デルファイの株主たちに価値をもたらすべく高いインセンティブが与えられていた。取締役会がシルバー・ポイントやエリオットの協力を得て設計したインセンティブプラン（「価値創出計画」とも呼ばれた）の一環として、オニールとクラークにはそれぞれ一三五万株と六七万五〇〇〇株が割り当てられた。これは、ＩＰＯ価格の二二ドルで計算すると、およそ三〇〇〇万ドルと一五〇〇万ドルに相当するが、それゆえ株主との強力な連携が生み出されたわけだ。さらに、その後の年間報酬も、ＥＢＩＴＤＡ（七〇％）、ＦＣＦ（二〇％）そして売上高（一〇％）で加重された主要な財務指標と関係づけられていた。

評判

ＣＥＯの評判は主観的なものかもしれないが、少し掘り下げて調べるだけでもかなりのことが分かる。プロたちは株式の投資機会について真剣になるにつれ、業界のリーダーや競合他社やセルサイドの調査アナリストなどと情報交換をする。もちろん、事例証拠は、事実の裏付けやトラックレコードと照らし合わせる必要がある。

オペレーショナルエクセレンスや株主価値の創造だけでなく、経営陣の倫理基準や信頼性が安心できるものである必要がある。「魚は頭から腐る」の例えのとおり、ほとんどの不正行為や会計操作は上級幹部がその原因となっている。まずは経営陣の道徳規範に確信を持つことが、大きなリスクを取り除く一助となる。

デルファイやＧＭでの四〇余年において、オニールは社内外からそのリーダーシップとインテグリティについて確たる評判を得ていた。破綻期間中も、オニールは取締役会や支配株主の助力を得た影響力ある行動計画を監督した。それを完遂するためには、破綻に伴う痛みや雑音があろうとも一般社員たちに行動を起こさせるべく励ますことも必要だった。

四．リスクと留意事項

リスク評価とは、投資テーマを台無しにしかねない要素を見いだし、定量化することである。悪い方向に進む可能性についてじっくりと考える必要があるのだ。広範なマクロの危機から、極めて細かい企業またはセクター特有の問題に至るまで落とし穴が存在する可能性がある。より大きな意味を持つリスクもあれば、緩和されるリスクもあり、また企業には手に負えないリスクも存在する。

もちろん、あらゆる投資判断にはリスクが付きまとう。重要なのは、それを前もって正確に把握し、対応することである。大きなリスクは大きな機会を意味しているかもしれない。問題を抱えた企業でも、シクリカルな反発、リストラクチャリング、レバレッジの解消、新たな戦略、経営陣の刷新などを通じて大きく上昇する可能性はある。同様に、リスクが低い状況というのは、魅力的なリターンを得られる見通しが限られている、ということかもしれないのだ。

ともかく、「リスク・リワード」の関係に注意を払うべきである、つまりより大きなリスクはより大きなリターンをもって報いられる必要があるということだ。特定の銘柄に付随するリスクを定量化することで、当該銘柄の上昇との比較が可能となり、情報に基づいた判断を下すことができるようになる。これは、特定の銘柄の目標株価（PT）を設定するうえで重要な部分である（第4章のステップ4参照）。

上場企業はこの点について投資家にいくばくか力を貸している。彼らは10-Kの「リスク要因」の欄で、事業が直面する重要なリスクを列記し、それを説明することが求められている。これらのリスク要因は有効な指針となるが、投資家も独自に検討し、最も重大なリスクについて自らの意見を持っておくことは不可欠である。

生活必需品など、経済全体や供給業者の問題に関連するリスクが比較的安定している企業も存在する。自動車や鉄鋼会社など、対象とするエンドマーケットやコモディティ価格や為替などに関連するリスクがよりシクリカルな企業もある。さらには、従来型の小売業のように時代遅れとなったり、代替品が登場するという根本的なリスクに直面する企業も存在する。

デルファイについては、**図表2-2A**で主たるリスクについてまとめてあるが、ステップ3でも包括的な評価を行っている。二〇〇九年に同社が破綻状態から脱したこと、そしてリーマンショックの間、自動車セクターが劇的なまでに低迷したことを考えると、世界的な自動車生産が持つシクリカルな特性が主たるリスクである。当時の投資家のセンチメントは厳しいものであった。

直近の見通しが暗いことを考えると、同社のヨーロッパに対する大きなイクスポージャーも詳細に検討する必要があった。一方、中国の胸躍る成長ストーリーは潜在的なボラティリティや地政学上の不確かさを覆い隠していた。ヨーロッパや中国に対するイクスポージャーには、売上高の六五％が米ドル（ＵＳＤ）以外の通貨建てであることによる為替リスクが内在していた。外国為替（ＦＸ）のボラティリティは、米ドル建ての利益を縮小させたり、または価格競争力にネガティブな影響を与える可能性があった。

最後に、原材料価格の急騰、とりわけ銅や樹脂製品の価格の大きな変動は利益率に対する潜在的脅威である。デルファイはコストの増大を顧客に転嫁してきたトラックレコードがあるが、将来については何の保証もない。同時に、同社が途上国市場へのイクスポージャーを増大させていることが原材料価格の急騰に対するナチュラルヘッジとなっていた。コモディティ価格と途上国市場のパフォーマンスは相関関係が高い傾向にあるのだ。

図表2－7　財務とバリュエーション

財務とバリュエーション	
●市場データ	●バリュエーションとリターン
●財務サマリー	●類似企業
●信用指標	

五．財務とバリュエーション

ここまでで、事業について基本的な理解を得て、テーマを固めた。今度は企業の財務やバリュエーションについて調査するべきである。財務に関しては、主たるトレンドと改善の機会にとりわけ注意を払う必要がある。バリュエーションにおいては、競合他社と比べて正当な根拠のないディスカウント（またはプレミアム）がある場合には警戒が必要だ。

図表2－7には、最初に評価を行う際に特に焦点を当てるべき分野が記されている。見出しは、**図表2－2B**と対応している。

市場データ

テンプレートの市場データの欄には、株価、五二週

図表2－8　時価総額を算出する

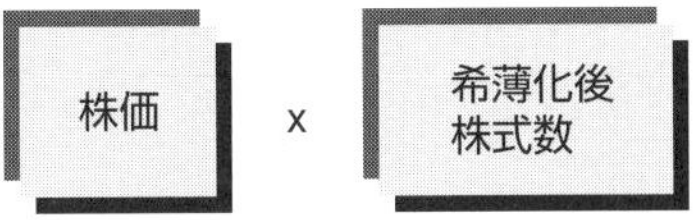

図表2－9　エンタープライズバリューを算出する

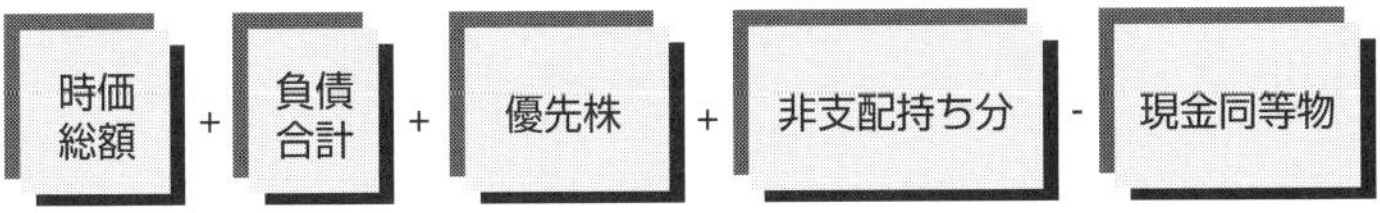

リターン（年初来［ＹＴＤ］のデータも広く利用されている）、五二週高値に対する割合、株式数、一日の平均出来高［ＡＤＶ］などの銘柄の基本的な情報が示されている。時価総額、純負債額、エンタープライズバリューなども掲載している。

時価総額（または株主価値）は、株式市場が当該企業の株式に付けた価値である。これは、企業の現在の株価に希薄化後株式数をかけた値である（**図表2－8**参照。希薄化後株式数は、企業の普通株式に、「インザマネー」となっているストックオプション、ワラント、転換権付き有価証券を足した合計として算出される）。

エンタープライズバリューは企業に対するすべての持ち分、具体的には債券や株式保有者が有する資産に対する請求権を合計したものである。言い換えれば、株式、負債、そして優先株や非支配持ち分（子会社の株式のうち、親会社が保有していない分）などの同等物の合計から、債務を相殺するものとして現金同等物を差し引いた価額である（**図表2－9**）。

決定的というわけではないが、時価総額とエンタープライズバリューはとても有益な情報となる。企業規模は、スケール、競争上の地位、購買力、成長の見通しを知る手がかりとなる。出来高を見れば株式の流動性が分かる。これは、ポジションを解消するために何日必要かなど、その銘柄の市場の深さを測るのに役立つ。

まとめると、時価総額と流動性は、企業の株主ベースの特徴や広がり、そして潜在的にはそのバリュエーションに影響を及ぼす。例えば、一定以上の規模と流動性を持つ企業は、主要な株式指数またはETF（上場投資信託）の対象銘柄となる可能性があり、それゆえ広範な投資家を引きつけることになる。さらに、株式の五二週または年初来リターンや、五二週高値に対する割合は、投資機会がすでに市場で発見されているのかどうかを知る手がかりとなる。

図表2－2Bにあるように、二〇一一年一一月一六日のIPOでは、デルファイ株は一株当たり二二ドルとなった。同社の株式数は三億二八〇〇万株であったので、時価総額は七

二億ドルという計算になる。これに八億二〇〇〇万ドルの純負債と四億六二〇〇万ドルの非支配持ち分とを足し合わせると、八五億ドルのエンタープライズバリューとなる。

財務サマリー

財務サマリーの欄には主要な財務データの実績値と予想値が記されている。**図表2－2B**には、売上高、総利益率、ＥＢＩＴＤＡ、純利益、そしてフリーキャッシュフローを掲載している。また、ＥＰＳや一株当たりＦＣＦといった、一株当たりの指標も掲載している。取り急ぎ成長率、収益性、そしてＦＣＦを生み出す能力を分析するだけでも、企業の健全性やその見通しについて多くを知ることができる。

成長率に関して、投資家は売上高と最終的な利益の実績値と予想値を検証し、上昇トレンドか下落トレンドかに細心の注意を払う。セルサイドアナリストによる向こう二～三会計期間のコンセンサス予想（当該銘柄をカバーしている調査アナリストの予想の平均または中央値）は大局観を提供する。

収益性は、企業が売上高を利益へと転換する能力を測るもので、利益率で表される。利益率は、売上総利益やＥＢＩＴＤＡや純利益といった利益指標を分子に、売上高を分母に算出される。通常、成長率や利益率が高ければ高いほど、バリュエーションも大きくなる。

フリーキャッシュフローを生み出す能力は、企業の財務の健全性を示す重要な指標である。これは、資本支出（キャペックス。キャペックスは、企業が仕入れ、改修、拡張、有形固定資産［PP&E］の交換を行うために利用する資金のことである。詳細は第3章参照）や正味運転資本（NWC。NWCは、企業が事業を運営するために必要とする短期的な現金の額のことである）を考慮に入れて、企業が実際に生み出したキャッシュを測定するものである。FCFを算出する方法は数多く存在するが、最も基本的な公式は、営業活動によるキャッシュフロー（これは企業が特定期間内に生み出した現金で、キャペックスを勘案する前のものであり、キャッシュフロー計算書に掲載される）からキャペックスを差し引く、というものである（**図表2-10**）。また純利益に減価償却費（D&A。減価償却［Depreciation］は、企業の有形固定資産［PP&E］の簿価を耐用年数にわたって縮小させていくことで求められる非現金費用であり、報告利益から差し引かれる。減耗［Amortization］は、企業の無形資産の価値を一定期間にわたって縮小させていく非現金費用であり、報告利益を減少させるものである）を足し、キャペックスと正味運転資本の増分を差し引くことでも算出される。第三の方法はEBITDAから始めるもので、そこ

図表2－10　フリーキャッシュフローの計算方法（単位＝100万ドル）

FCF計算方法					
選択肢1		選択肢2		選択肢3	
営業活動によるキャッシュフロー	$1,000	純利益	$650	EBITDA	$1,565
マイナス　キャペックス	(500)	プラス　D&A	450	マイナス　税金	(315)
		マイナス　キャペックス	(500)	マイナス　金利費用	(150)
		マイナス　NWCの増分	(100)	マイナス　キャペックス	(500)
				マイナス　NWCの増分	(100)
フリーキャッシュフロー	**$500**	**フリーキャッシュフロー**	**$500**	**フリーキャッシュフロー**	**$500**

から税金、金利費用、キャペックス、そして正味運転資本の増分を差し引くというものである。

ＦＣＦを生み出す能力が健全であれば、資本配分のさまざまな選択肢に柔軟に対応できる。本業の成長プロジェクトに投資したり、M&Aの資金としたり、株主への資本還元に充てたり、債務を返済したり、または待機資金として保持しておくのも「自由」なのだ。それゆえ、投資家はこれに注目するのである。

企業の財務を見直すときには、自らの考えに基づいた重要な疑問を書き出すことから始めればよい。これらの疑問は、第3章のステップ3でさらに詳しく議論するが、そこでは詳細なデューデリジェンスを行い、完全な財務モデルを構築することになる。

例えば、**図表2－2B**に基づく、この時点でのデルファイに関する重要な疑問としては次のようなものがある。

- その前年に劇的なまでに減少した売り上げが二〇〇九年から二〇一〇年にかけて一八％近く増大した要因は何なのか
- 売上総利益が二〇〇九年から二〇一〇年にかけて大幅に拡大したのはなぜなのか

●希薄化後株式数が二〇〇九年から二〇一〇年にかけて劇的に減少したのはなぜなのか
●将来に目を向けた場合、総利益率とＥＢＩＴＤＡマージンが増大し続けると予想される理由は何なのか
●ＥＰＳが二〇一四年度までに五〇％以上増大すると考えるのは現実的なのか
●将来、純利益がＦＣＦを大幅に上回るのはなぜなのか

信用指標

信用指標の欄には、企業のバランスシートと信用状態のスナップショットが記されている。負債総額も重要だが、レバレッジやインタレスト・カバレッジ・レシオのほうが重要である。しかし、比率分析も、セクターやサイクルやトラックレコードといったより定性的な要素をもって補わなければならない。

許容されるレバレッジやカバレッジの水準はセクターやビジネスモデルによってさまざまである。キャッシュフローが明確かつ信頼に足る企業は、より高い水準のレバレッジを支えやすくなる。ケーブルテレビ会社や利用料で運営されるソフトウェア会社を考えてみればよい。資産ベースが大きく、またその流動性が高い企業についても同じである（貸し

図表2－11　レバレッジ比率

EBITDA有利子負債倍率

$$\frac{\text{有利子負債}}{\text{EBITDA}}$$

EBITDA純負債倍率

$$\frac{\text{純負債（負債総額－キャッシュ）}}{\text{EBITDA}}$$

手は、経営が困難な時期に債務を返済するために容易に流動化できる資産を豊富に持つ企業を好む傾向にある）。一方、シクリカルな事業や顧客集中度が高い企業は、より保守的なバランスシートを維持すべきである。

投資家のなかには、信用状態を一つの要件としている人もいる。レバレッジが一定水準を超える、またはカバレッジが一定水準を下回る企業は、その他の事業特性が良好なものであっても最初のスクリーニングで除外されるかもしれない。トレンドもまた重要である。レバレッジの低下やカバレッジの増大は、財務の健全性が増している証拠である。

レバレッジとは、企業の債務の水準のことで、通常はEBITDA有利子負債倍率といった具合に、EBITDAの倍数で表される。投資家は、企業のバランスシートに計上された現金で調整したEBITDA純負債倍率にも目を向ける（**図表2－11**）。企業のレバレッジは、財務政策、リスク特性、そして成

図表2－12　カバレッジレシオ

EBITDAと金利費用の比	EBITDAからキャペックスを引いた値と金利費用との比
$\frac{\text{EBITDA}}{\text{金利費用}}$	$\frac{\text{(EBITDA - キャペックス)}}{\text{金利費用}}$

長余力などについて多くのことを教えてくれるのだ。

一般論として、企業のレバレッジが大きいほど、財政難に陥るリスクが高くなる。これは、より大きな金利費用の支払いや元本の返済に伴う負担ゆえである。だが、前述のとおり、より大きなレバレッジを支え得る事業も存在する。

デルファイの二〇一一年の予測値に基づくＥＢＩＴＤＡ有利子負債倍率は一倍であり、純負債を基準とすると〇・三倍であり、どのような基準に照らしても健全であった。

カバレッジは、企業が金利費用の負担に応える（「カバーする」）能力を示す広範な意味を持つ用語である。カバレッジレシオは、ＥＢＩＴＤＡ・インタレスト・カバレッジ（ＥＢＩＴＤＡと金利費用の比）といった具合に、営業活動によるキャッシュフローの数値を分子に、金利費用を分母に計算される。企業の資本支出を差し引いたＥＢＩＴＤＡからキャペックスを引いた値と金利費用との比は信用状態を知るにはより有効なものとなる（**図**

表2－12）。

カバレッジレシオが高ければ高いほど、企業が借入負担に応じることが容易であることは直感的に分かる。レバレッジの水準と同様に、デルファイの二〇一一年の予測値に基づく、EBITDAと金利費用の比は一六・六倍であり、極めて健全であった。

ムーディーズ・インベスターズ・サービス（ムーディーズ）やスタンダード・アンド・プアーズ（S&P）、フィッチ・レーティングス（フィッチ）などの独立系信用格付け機関は、企業の信用状態について公式の評価を行っている。格付けが高ければ高いほど、信用状態は良いとされる（信用度を表すうえで、ムーディーズは英語と数字の組み合わせを用いて表現し、S&Pとフィッチは英数字にプラス＋とマイナス－を組み合わせた方法を用いている）。

バリュエーションとリターン

バリュエーションとリターンの欄には、EV／EBITDA、PER、FCFイールド、そしてROIC（投下資本利益率）といったさまざまな指標が掲載されている。また、配当利回りや自社株買いも含めた資本利益も測定している。企業やセクターによって、より

図表2－13　EV/EBITDA

エンタープライズバリュー
EBITDA

重要となるバリュエーション指標は変わってくる可能性がある。

価値を評価する能力は銘柄選択においては最も重要である。最初の作業で、企業の株価が適正に評価されていることが分かる場合がある。これはよくあることだ。だが、企業の株価と自らが考える実際の価値との間に大きなズレがある場合、事態はより面白いものとなる。

ざっくばらんに言えば、その投資機会に追及する価値があるかどうかの感覚を得るために、「ざっくりとした」バリュエーションを行うことになる。もし興味深い状況であれば、徹底的なバリュエーション分析が必要となるであろう（第4章のステップ4参照）

バリュエーション

株価指標がバリュエーションのコアを成す。企業のマルチプルはその質、業績、見通しを反映したものであるはずだ。競合他社に比べ、成長率が高く、利益率に優れ、レバレッジが低いほど、マルチプルは高くなる。この関係性からの乖離が投資機会を表しているともいえる。

EV／EBITDAは、ほとんどのセクターで利用できるバリュエーションの標準的な指標である（**図表2－13**）。これは資本構成や税金とは無関係であるがゆえに、広く適用することができる。それゆえ、負債水準の異なる二つの似かよった企業は、EV／EBITDAが比較的似たものとなるはずである（だが、負債水準の大きい企業は財政難に対する懸念ゆえに通常は例外となる）。また、EV／EBITDAは、純利益がない、またはほとんどない企業にも有効である。レバレッジが大きく、非常にシクリカルな、アーリーステージにある企業などはその例に属しよう。

また、EV／EBITDAは企業間の減価償却費の差異によって生まれる歪みを補正する。新しい設備を短期間に大きく償却し、結果として減価償却費が大きくなる企業もあれば、資本支出を繰り延べている企業もある。

デルファイの、二〇一三年の予測に基づくEV／EBITDAは三・五倍であり、競合他社全体と比べると一・一倍割り引かれていたことになる。この相違はデルファイが破綻し、長い間公開市場から離れていたからであろうか。それとも、市場はもっと根本的な問題を見ていたのであろうか。

図表2－14　PER

$$\frac{\text{株価}}{\text{希薄化後EPS}}$$

ＰＥＲ（株価収益率）は、メーンストリートでも最も知られている株価指標である（**図表2－14**）。ＰＥＲは、投資家が企業の利益一ドルに対していくら払うつもりがあるかを測るものと考えることもできる。競合他社に比べてＰＥＲが高い企業は成長期待が高い傾向にある。

ＰＥＲは、ＥＰＳを安定的に増大させる力を示している成熟した企業でとりわけ有効である。利益がほとんどない企業では、分母がほんのわずかな額、または負の値になるのであまり役に立たない。また、ＰＥＲは資本構成の異なる企業を比較する際にもあまり役に立たない。ＥＰＳは金利費用の影響を受けるので、債務の負担から影響を受けてしまう。それゆえ、売上高やＥＢＩＴＤＡマージンが同じような二つの企業でも、レバレッジの差ゆえにＰＥＲが大幅に異なることがある。

ＥＶ／ＥＢＩＴＤＡと同じように、デルファイの二〇一三年の予想に基づくＰＥＲは五倍であり、成長性や利益率やレバレッジが同じような競合他社よりもはるかに低かった。競合他社全体はおよそ九倍で取引されていた。デルファイにはこれほど大きくディスカウントされる真っ当な理由があったのだろうか。

株価フリーキャッシュフロー倍率（P÷一株当たりFCF。PFCFR）は、現在の株価を一株当たりのフリーキャッシュフローで割ることで算出される。その意味で、これはPERに似ているが、一株当たりフリーキャッシュフローはEPSの代わりともなる。

これの逆数であるFCFイールドは、企業が生み出すキャッシュフローが時価総額に占める割合を測るものである。「FCFイールド」は純資産に対する現金のリターン、そして理論上はどれだけの現金が株主に還元され得るかを示してもいる（**図表2－15**）。

多くのプロたちが、FCFがバリュエーションの基礎として最も適切であると考えている。EBITDAやEPSといった指標はいじられるので、そう考える者にとっては「現金こそが王様」なのだ。企業はEBITDAで買い物はできない、現金ならそれができる。

デルファイの二〇一三年の予想に基づくFCFイールドはおよそ一五％で、九・四％であった競合他社に比べてとても魅力的であり、同社の一株当たりフリーキャッシュフローの確実な増大を考えるとなおさらであった。

金融や天然資源、不動産、ケーブルテレビや電気通信などのセクター特有のマルチプル

図表2－15　PFCFRとFCFイールド

PFCFR

$$\frac{\text{株価}}{\text{1株当たりフリーキャッシュフロー}}$$

FCFイールド

$$\frac{\text{1株当たりフリーキャッシュフロー}}{\text{株価}}$$

図表2－16　セクター特有のバリュエーション指標

バリュエーション指標	セクター
エンタープライズバリュー（企業の価値）	
EBITDA＋賃料（EBITDAR）	•カジノ •レストラン •小売業
EBITDA＋減価償却および開発費（EBITDAX）	•天然資源 •石油・ガス
埋蔵量	•天然資源 •石油・ガス
利用者	•ケーブルテレビ •電気通信
エクイティの価値	
簿価	•金融 •住宅メーカー
分配可能な現金	•不動産
自由に使えるキャッシュフロー	•天然資源
FFO（Funds from Operations）	•不動産
NAV	•金融 •不動産

図表2－17　ROIC

EBIT×（1－税率）		EBIT×（1－税率）
運転資本＋正味有形固定資産＋その他営業資産	もしくは	純負債＋株主資本

もある。**図表2－16**に示したように、これらのマルチプルは市場で決まる価額を分子に、営業指標を分母に算出される。

リターン

ROIC（投下資本利益率）は、資本提供者に利益（またはリターン）をもたらす企業の能力を測定する。**図表2－17**で示すとおり、通常は税効果考慮EBITを投下資本の指標で割ることで定義される。投下資本を算出する最も一般的な方法は、運転資本に正味有形固定資産とその他営業資産を加える、もしくは純負債額と株主資本とを足し合わせるというものである。

投資家は、リターン指標が安定的に資本コスト（WACC［加重平均資本コスト］に関する詳細な議論は第4章参照）を上回っている企業を報いる傾向にある。そのような超過リターンは株式保有者のものとなる。

デルファイのROICは二〇・五％と、絶対値で見ても、競合他

図表2－18　配当利回り

$$\frac{\text{直近の1株当たり四半期配当×4}}{\text{現在の株価}}$$

社と比較しても健全であり、資本コストの予想値である一〇%を大きく上回っていた。第1章のステップ1で記したとおり、高いROICと低いバリュエーションを基準としたスクリーニングは一般的である。

配当利回りは、企業が株主に支払う一株当たりの年間配当を計測するもので、現在の株価に対する年間配当の比率で表される（**図表2－18**）。株価が二〇ドルで、年間配当が一株当たり〇・五〇ドルの企業は、配当利回りが二・五%となる。

配当を支払う企業は、資本を直接還元することになるので多くの投資家が高く評価するが、税務上非効率であるとか、成長性が欠けると認識されるがゆえにこれを回避する投資家もいる。IPO時のデルファイは無配であった。これは、成長ストーリーを損なわないようにするためで、新たに上場した企業ではよくあることである。

だが、二〇一三年初頭までに環境は変化した。デルファイの確実に現金を生み出す能力、事業に対する自信、投資利益に対するコミットメント、そして株主ベースを拡大するという願いから、同社は四半期配当を実施することになった。当時の利回りはおよそ一・七％である。

類似企業

類似企業（「コンプス」）の欄には、当該企業にとって最も近しい存在である競合他社の概要が記されている。この段階では、予備的な類似企業との比較であることを指摘しておくべきであろう。第4章のステップ4で、より詳細なデューデリジェンスを行い、詳細かつ細部にわたる類似企業分析を行う。

図表2－2にあるように、競合他社の主要なデータとして、バリュエーション指標、レバレッジ、ＥＢＩＴＤＡマージン、ＲＯＩＣ、そしてＥＰＳの成長率が挙げられる。類似企業は、リアルタイムのベンチマークとなるので、最も一般的なバリュエーションのツールであろう。

類似企業分析は、似たような企業はそれ自体がバリュエーションのベンチマークとなるという考えが基礎となっている。それらは主要な事業や財務特性や業績の要因となるもの、そしてリスクが似ていることを考えると、直感的にも分かりやすい。図表2－2Bの類似企業の表を簡単に見直すだけでもいろいろなことが分かる。ＥＢＩＴＤＡマージンとＲＯＩＣはマグナ（ＭＧＡ）の二倍ほどになるにもかかわらず、ＰＥＲで見るとデルファイはディスカウントされていた。この矛盾は、デルファイのＦＣＦイールドがセクター内で最も高いことで増幅されていた。さらに、デルファイがコアとなる三つの長期的成長テーマに沿って改革を行っていた一方で、ＭＧＡの事業の大部分は自動車生産量に左右されていた。

その一方で、競合他社ではトップに位置し、パワートレインに事業を集中させているボルグワーナー（ＢＷＡ）はＰＥＲでデルファイの二倍以上、ＦＣＦイールドは半分で取引されていた。デルファイの利益率の上昇のほうが大きく、またリターン特性も優れているという事実があるにもかかわらず、このような結果だったのだ。ボルグワーナーはデルファイよりも、その長期的な成長ストーリーが信頼されていたことは明らかである。

このようなわけで、初期の調査に基づけば、デルファイは競合他社と比較すると不公平な価格付けがなされているようであった。つまり、最高クラスの一流部品メーカーであるが、その長期的な可能性に対する信頼をまだ得ていなかったわけだ。第４章のステップ４

でデルファイと競合他社との間の差異についてさらに詳しく調査するが、そこでは競合他社をベンチマークとし、より詳細なバリュエーションを行う方法を示すつもりである。

予備評価

つまるところ、デルファイをおおまかに見直すことで重要な考察が得られた。破綻期間中、そして破綻を脱した後、主要株主たちと取締役会は経営陣とともに費用を削減し、長期的なテーマに沿うよう、数多くの施策を効果的に実行した。これによって事業は改革され、製品群は著しく改善されることになった。また、業務改善やM&Aや資本利益といったバリュエーションを見直すカタリストとなるものを見いだすこともできた。そして、自動車の景気循環や地域的なイクスポージャー、外国為替に関連する主要なリスクにも注意を払った。

財務面では、デルファイの売り上げと最終利益にモメンタムがあることが分かった。バリュエーションは魅力的だ。つまり、同社の株式は、EV／EBITDA、PER、FCFイールドなどすべての関連指標に基づくと、長期的な成長を示しているほかの自動車部品メーカーと比較しても割安のようであった。

シクリカルな価格で長期的な成長株を手に入れることができるこの機会は本物だろうか。デルファイと競合他社とのバリュエーションの格差は、同社が改革に失敗する運命にあるか、大幅に割安となっていることを示していた。

これまでの取り組みが示しているのは、後者が真実だ、ということだ。市場はかつてのデルファイ、そして破綻の汚名にいまだ惑わされているようであった。巨大投資信託の多くが旧デルファイで大やけどを負ったがために、新たな視点をもって同社への投資を見直すことを渋っていた。だが、抜け目ない投資家は、大きな変身を遂げた新デルファイでの機会に集中していたのである。しかし、第3章のステップ3、そして第4章のステップ4でさらなる調査が必要である……。

重要なポイント

●経験豊富な投資家は系統だったプロセスを用いて潜在的な投資対象をざっくりと評

価している。

●独自の投資要件を策定することで、明らかな外れ値を速やかに除外し、勝者となる可能性あるものに到達することができるようになる。

●投資テーマは特定の銘柄を保有することを支持する主たる効果からなる。

●初期の調査で、安心して資金を投じることができる事業を見いだす必要がある。

●CEOのトラックレコードで最良の指標となるのは過去の株主利益率である。

●リスクが高いからといって必ずしも株式を買うことができないわけではなく、ただより高いリターンをもって報いられる必要があるだけである。

●大まかな調査で企業のバリュエーションと競合他社のそれとの潜在的なズレを見いだせることが理想である。

事業と財務のデューデリジェンス

最良の投資アイデアをさらに掘り下げる

今度は、事業と財務の詳細なデューデリジェンスに取りかかろう。以下に説明する調査事項の多くは第2章のステップ2でおおまかな調査を行った。そして、さらなる作業を正当化できると感じているはずだ。では、さらに掘り下げていってみよう。

事業のデューデリジェンスでは、企業の経営モデルの質を把握することが目的である。堅固なモート（堀）をもった持続可能な事業であろうか。対照的に、もがき苦しんでいるが、窮地脱出の道筋が見えているだろうか。この分析の多くは定性的なもので、正しい判断と洞察力とが求められる。特定のビジネスモデルや業界での経験や知見がとりわけ役に立つ。われわれは、事業を簡単に分析するスキルを開発する手助けをしたいと考えている。

財務のデューデリジェンスでは、企業の主要な財務諸表を分析し、同社の現状と将来について判断する。この分析では、主要な財務項目を観察し、説得力ある解を見つけることが大半を占めることになる。なぜ売上高は増大（減少）しているのか。なぜ利益率は拡大（縮小）しているのか。「なぜ」の答えを見いだすことが重要である。

デューデリジェンス全体を通じて、単にクオリティーの高いファンダメンタルズを持つ企業を見いだす以上のことをすべきである。大幅な改善を示す可能性のあるアンダーパフォーム銘柄を含めた、隠れた投資機会を発見するために必要となる柔軟性や創造性を大切にしてほしい。それには、詳細かつ徹底的な調査を通じて得られる大いなる自信が必要となる。

だが、デューデリジェンスの過程に圧倒されてはならない。われわれはすでに自らの調査の指針となる簡潔な枠組みを構築している。われわれの枠組みは、五つの質問からなる二組のチェックリストの形を取っている。これらのチェックリストは、デューデリジェンスのプロセスを系統立て、また確認する一助となろう。チェックが完了したら、その投資機会に取り組むか、もしくは退けるかを難なく判断することができるであろう。

事業のデューデリジェンス

事業のデューデリジェンスでは、企業のクオリティーは高いかどうか、もしくは高いものとなるかどうかを判断することが主眼となる。中核事業を理解するだけでなく、その競争上の立場やバリューチェーンのなかでの立ち位置にも注目する必要がある。ビジネスモデルはどれほど弾力的か、そして安心して主要なリスクを受け入れることができるだろうか。ここで最も重要なのは、事業が重大な問題を解決するかどうか、長期的に力を維持することができるかどうかである。この詳細な分析はステップ2で示した基礎のうえに成り立つ。

図表3－1に示したわれわれの枠組みは、事業が投資に値するかどうかを判断する一助となることを目的としている。下記に示す五つの主たる疑問に満足のいく回答を得ることができるかどうかが重要である。これらの疑問に対する答えが心地良くないものであるなら、おそらくその銘柄はポートフォリオにふさわしくないのだ。だが、株式の分析を行うたびに学び、投資の能力を向上させることになる。

図表3－1　事業のデューデリジェンスのチェックリスト

事業のデューデリジェンスのチェックリスト
一．その企業は何をしているのか
二．どのようにしてお金を稼いでいるのか
三．モートや競争上の立場はいかなるものか
四．顧客と供給業者との関係はどれほど強いか
五．事業の主たるリスクは何か

一．その企業は何をしているのか

世界の一流投資家の一人の言葉を引用すると、その企業が何をしているかを平易な言葉ですぐに説明できないとしたら、その銘柄はおそらく自分には適していないのだ。ピーター・リンチがこう説明したことは有名である。「シンプルであればあるほど好ましい」

極めて複雑な事業で投資機会があったとしても、同時にリスクも大きい場合が多い。たいていの場合、よくよく考えても分からないことや不確かなことが増えれば増えるほど、うまくいかないことが増えるのだ。常識に従えば、事業を理解していないのであれば、投資すべきではないのである。一方、スキルセットが増大するに従い、受け入れられる複雑さも拡大するであろう。ほかの人たちを悩ませる問題を解決できる者には大きな報酬が待っているかもしれない。

綿密な「ストーリー」を学ぶためには、企業やセクター特有の題材をできるかぎり学ばなければならない。ステップ2にあるように、年次報告書、SEC（証券取引委員会）の提出資料、投資家向けプレゼンテーション資料、そしてセルサイドアナリストの調査リポートが主たる情報源となる。ステップ3の次なる段階の調査では、過去の決算、収支報告の原稿、そして業界誌を組み合わせることになる。企業の年次報告書にある株主への手紙も読むべきである。これは、企業文化やアイデンティティを明らかにすることができる。理想を言えば、製品を試したり、ほかの人々の意見を聞いて回りたいところである。プロたちは見識を求めて業界の専門家や企業幹部たちと話をする。

基本的なビジネスモデルを理解したら、その企業を支持する価値がある理由を知りたいところである。同社の製品やサービスへの需要が増大している長期的な成長株なのか。市場シェアを拡大しているのか。有意義な成長戦略や収益拡大戦略が実行に移されているのか。

改めてデルファイに目を向けると、ステップ2の初期の調査で事業に関する主要な情報は明らかとなったが、投資機会を十分に評価するまでには至っていなかった。同社がゼネラルモーターズやフォードやフォルクスワーゲンなどのＯＥＭに重要な部品を供給していることは分かっている。そして、同社の製品のおかげで顧客企業は、安全性基準、厳しさを増した燃費や排ガス基準、変化する顧客の好みに応えることができることも分かっている。ステップ３では、提供している主要製品だけでなく、長期的な成長を支える要因の持続力についても詳細に調査していく。

図表２－２の投資メモで取り上げたように、デルファイは四つの主たる事業部門からなっており、それぞれが自動車向けの明確なソリューションを提供している。

●電装部品（売り上げの四〇％）　コネクターやワイヤーハーネス、エレクトリカルセンター、ハイブリット動力供給システムの完成品を提供している。

●パワートレインシステム（売り上げの三〇％）　燃料噴射装置、燃焼機関、電子制御装置を含めたエンジン制御システムを統合している。

●電子部品とセキュリティシステム（売り上げの一九％）　利用者の安全にとって重要な部品やシステム、ソフトウェア、インフォテイメント、そしてボディコントロールや受信システム、ナビゲーションシステムやディスプレーによる車両運行管理を提供している。

●サーマルシステム（売り上げの一一％）　コンプレッサー、コンデンサー、ラジエーター、冷熱交換機といったHVAC（暖房、換気、空調）システムを提供している。

中核事業部門のすべてにおいて、デルファイは優れた品質、納期、競争力ある価格、そして完璧な新製品展開に全力を注いでいた。また、製品ポートフォリオを、「安全、環境への配慮、相互接続」に関連する大きな長期的トレンドの最前線に位置づけてもいた。長期的には、これらのテーマに関連した新しい製品群は標準化され、市場での占有率を高める結果となった。

●安全　事故が発生するリスクを積極的に低減するだけでなく、事故の際にも利用者を守ることを目的とした技術

○例――車線逸脱防止支援システム、ブラインドスポットモニター、衝突回避支援装置

●環境への配慮　排出ガスを削減し、燃料効率を高め、自動車が環境に与える影響を最小

化することを目指した技術
○例――ハイブリット車や電気自動車に対応する製品、ならびに燃料噴射装置などの燃料効率を高め、排出ガスを低減する製品

●相互接続　パーソナリゼーション、エンターテインメント、運転中の利便性を高めることを目的とした技術
○例――ナビと音声の統合、内臓GPS、インフォテイメント

当初、潜在的な投資家の多くがデルファイのレガシーを考えれば、同社が自らを技術面でのリーダーに転換できるかどうか疑っていたことは特筆すべきである。だが、経営陣と取締役会は、消費者のディマンドと規制による追い風に歩調を合わせることにとりわけ注力したのだ。これによってデルファイは、向こう数年間市場を上回る成長を実現できる立場に立つことができたのである。

二・どのようにしてお金を稼いでいるのか

さて、企業が何をしているのかは分かった。では、どのようにお金を稼いでいるのだろうか。利益は売り上げと費用の関数である。企業が利益を増やす方法は四つある。①取引量を増やすこと、②価格を上げること、③単位当たりの変動費を下げること、④固定間接費を削減すること（変動費は生産量に応じて変化するが、それには原材料、直接人件費、輸送費、光熱費などの科目が含まれる。固定費は販売量に関係なく、程度の差こそあれほとんど一定であり、リース費用、広告費、宣伝費、保険、販管費、事務職員の人件費などが含まれる）――である。最初の二つは売り上げに関係し、あとの二つはコストに関係する。

ほとんどの企業で、真に業績に影響を与える柱は二つか三つである。これらは、決算発表や投資家向けプレゼンテーションで取り上げられ、アナリストや投資家のコミュニティに注意深く追跡される。事業の業績や見通しの評価は、これらの柱の重要なダイナミズムに対する理解に依存するのだ。

取引量と価格の両面で売上高を増大させる柱は業界によってさまざまである。ケーブルテレビ会社では、利用者数にＡＲＰＵ（利用者一人当たりの月平均収益）をかけたものとなる。利用者数は、映像や高速インターネットなどの製品の占有率に依存し、ＡＲＰＵは製品の価格とバンドリングに左右される。住宅メーカーでの売上高の成長式は、販売戸数にＡＳＰ（平均販売価格）をかけたものとなる。住宅の販売数と価格は住宅市場の強さに依存するが、これは雇用、賃金、消費者の信頼感、人口動態のトレンド、融資基準、金利などから導き出される。理想を言えば、成長を後押しする長期的・シクリカルな追い風に乗りたいところである。

コストは、製品一単位の生産にかかる費用と諸経費の関数である。単位当たりの変動費に関して、企業は原材料購入、その配分、労働効率、生産工程、テクノロジーの改善を求める。固定費については、企業は賃金や管理費や賃料などの本社費用を抑制しようと努力する。

自動車部品メーカーは、受注残も含めＯＥＭがより多くの自動車を生産するほど収益が増える。取引量だけでなく、デルファイの売上高の成長は一台当たり部品数の増大や製品構成にも左右される。それゆえ、われわれはテクノロジー、環境や安全性の基準、イノベーションの主たるトレンドを注意深く調査した。

価格については、自動車部品メーカーは概して値引きを求められるものだが、ＯＥＭに対する販売価格の値引きは毎年契約で決められるものである。デルファイの競合他社のな

図表3−2　世界の小型車販売台数（単位＝100万台）

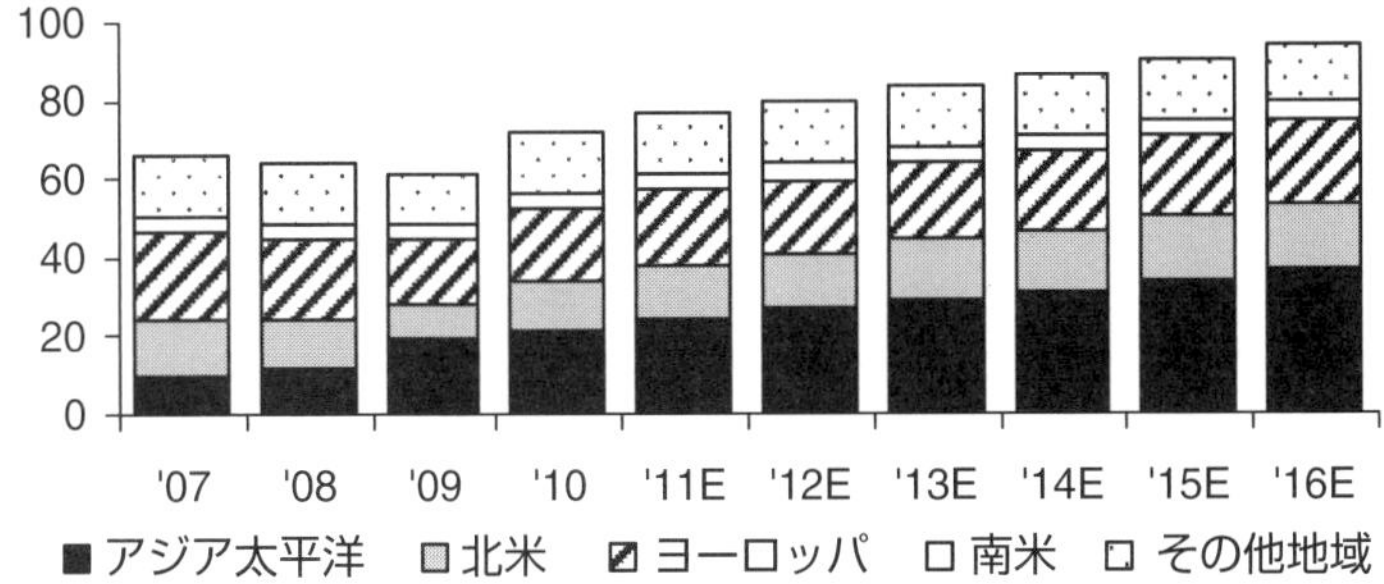

出所＝IHS Automotive　バークレイズ・キャピタル

かには三〜四％の値引きを求められた企業もあった。デルファイについては、直近のトラックレコードや製品の「重要性の高さ」に基づき、年間売上高の二％とより控えめな仮定をした。

月次の自動車販売台数はＳＡＡＲ（季節変動調整済み年率）の単位で公表される。デルファイの地域的イクスポージャーが分散されていることを考えれば、ヨーロッパ、北米、アジア太平洋、南米のそれぞれにＳＡＡＲの分析が必要となる。**図表3−2**で分かるとおり、世界的な自動車販売の回復は二〇一一年までに本格化した。途上国市場、とりわけ中国（アジア太平洋で捕捉される）での販売台数は向こう五年間でおよそ五〇％ずつ増大することが期待されていた。デルファイの中国における確かなプレゼンスを考えれば、これは非常に前向きであった。

図表3－3　地域別燃料効率の基準（単位＝ガロン当たりマイル数）

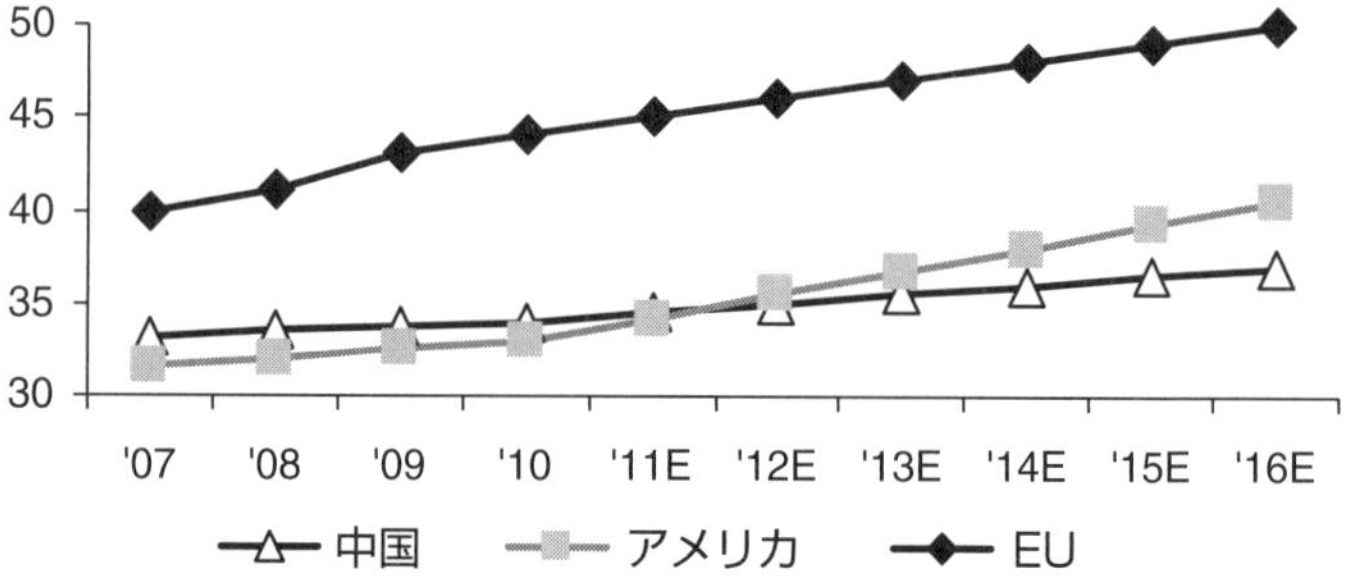

出所＝国際クリーン交通委員会（ICCT）

図表3－4　テレマティックス装置の設置率（単位＝生産量に対する％）

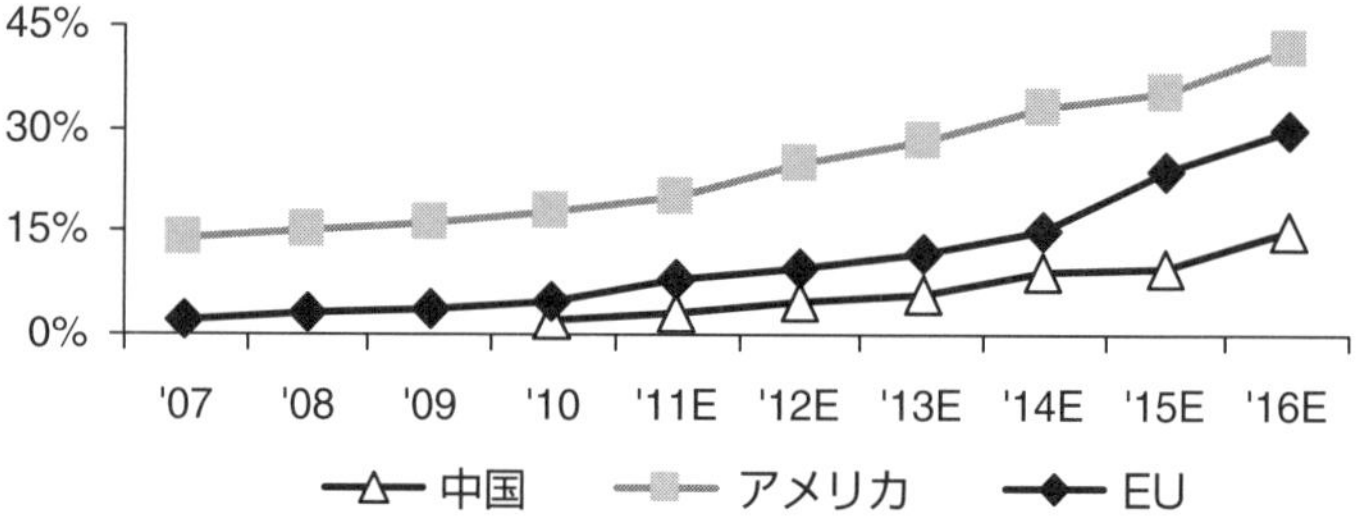

出所＝IHS Automotive

デルファイの受注残の増大と新しいプラットフォームでのデザインがこれらのトレンドを支えていた。同社は、健全な資本支出計画で証明されるとおり（**図表3－11**）、長期的な成長を後押しするため次世代のテクノロジーに戦略的に投資していたのだ。ＯＥＭによる供給業者の絞り込みや世界的な自動車のプラットフォーム共有化の流れによって、デルファイのような優先されるパートナーは市場シェアを獲得できる立場を得た。

部品に目を向けると、燃料効率（図表3－3）や安全性基準の厳格化によって一台当たりの部品数は増大している。これに拍車をかけているのが、高まるテレマティクスへの傾向が示すように、コネクティビティ、エレクトロニクス、インフォテイメント、そしてアクティブ・セーフティ・システムに対する需要である（図表3－4）。

収益性に目を向けると、デルファイの利益機会は、その成長ストーリーと同じくらい魅力的なように思えた。同社はますます規律をもって新しい案件に入札するようになったことで、クオリティーの高い受注残や製品ミックスが生み出されることになった。われわれの分析では、同社は次に挙げる理由から、向こう数年間で利益率を数百ベーシスポイント（一ベーシスポイントはパーセントの一〇〇分の一）改善できることが示された。

●製品ミックスの変化　電動化、接続性、安全性に関連する利益率の高い製品に注力している。

●BCCs　製造拠点をコスト効率の最も高い地域に移管しており、IPO（新規株式公開）時点でその規模は九〇％以上に上った。

●柔軟な労働力　市場の状況に応じて「収縮」させることができ、費用構造の七〇％は変動費で、UAW（全米自動車労働組合）加入労働者はいない。

●無駄のないコスト節減　経営陣や取締役会が主導する継続的な改善を目指す文化が根づいたことで、同社の費用構造は業界内で「最も無駄のない」ものとなっている。

●価格付け　プレミアムのある価格付けを強調しているが、これは規律ある入札、製品の質、粘り強さによって支えられている。

●営業レバレッジ　販売量の増大に対して固定費がテコの働きをする。

●途上国市場　OEMに対する影響力と合わせて利益率の高い製品の市場を獲得している。

三．モートや競争上の立場はいかなるものか

質の高い事業は、競合他社に対して持続性ある競争優位と高い参入障壁を有する傾向にある。これは一般に「モート（堀）」と呼ばれるものである。差別化された製品、知的財産、規模、ブランド、顧客との密な関係性、低いコスト構造、大きな先行投資、これらすべて

がビジネスモデルの弾力性を支えることになる。

競合他社がほとんど存在せず、参入障壁の高い業界は、アウトパフォームの可能性が大きくなる。厳しい競争に直面している企業は、成長性や収益性が低下し、リターンが減少するリスクがある。これは参加者たちが市場シェアを獲得するために非合理な行動をとっている場合にとりわけ顕著となる。また、現在の資本利益率が高い業界は新たな参入を引きつけることを銘記しておかなければならない。それゆえ、一流企業でさえ喜んでばかりはいられない。

幸運なことにデルファイのモートは明確であった。主要な障壁を次に挙げていく。

●低いコスト構造　BCCに重心を移し、現地調達を行い、またUAW加入者が存在しない結果、平均時給が七ドルという業界でも間違いなく最も無駄のない費用構造である。

●市場でのリーダー・世界的な規模　中核となる製品のほとんどで業界第一か、第二の地位を維持している。三〇カ国で一一〇の製造拠点を運営している。R&Dに特化した科学者、エンジニア、技術者が一万六〇〇〇人を超える。

●製品スペック　OEMとの直接的なコラボレーションを通じて、差別化されたテクノロジーを用いた革新的かつ顧客に合わせたソリューションを生み出している。デルファイの製品は導入の数年前から自動車の新しいプラットフォームに合わせて設計されており、その結果受注残が増え、切り替えコストが高くなる。世界的に売れ筋のモデルの大半で製品が使われている。

●顧客との関係　大手ＯＥＭとは数十年にわたる協力関係にある。戦略的に配された一五のテクニカルセンターが製品開発に従事し、顧客の設計とエンジニアリングチームと現場で応対している。

●中国　中国では一九九二年から長きにわたり活動する市場のリーダーであり、国内および海外のＯＥＭに製品・サービスを提供している。将来の成長の五〇％ほどは途上国市場からもたらされるものと期待している。

競争の観点からすると、Ｓ－１で開示されているとおり、デルファイは各セグメントで複数のグローバルプレーヤーと争っていた（**図表３－５**）。

デルファイの競争優位はセグメントによってさまざまである。電装部品では、同社は製品の重量やコストを最適化する革新的な存在である。パワートレインでは、同社が持つ技

図表3－5　セグメントごとの競合他社

セグメント	競合他社
電装部品	レオニ、モレックス、TEコネクティビティ、住友、矢崎
パワートレイン	ボルグワーナー、ボッシュ、コンチネンタル、デンソー、日立、マニエッティ・マレリ
電子部品・セキュリティシステム	アイシン、オートリブ、ボッシュ、コンチネンタル、デンソー、ハーマン、パナソニック
サーマルシステム	デンソー、マーレベーア、サンデン、バレオ、ビステオン

術的なノウハウとR＆Dによって、ボッシュやコンチといったドイツの大手エンジニアリング会社と肩を並べることができている。さらに、電子部品とセキュリティシステムの部門では、デルファイはアクティブセーフティ、インフォテイメント、ユーザーエクスペリエンスシステムのリーダーである。

四．顧客と供給業者の関係はどれほど強いか

事業を理解するためには、それがバリューチェーンのどこに位置しているかを研究しなければならない。言い換えれば、その立場が顧客や納入業者に対してどれほど強力か、ということである。この分析では、顧客の集中度、契約期間、交渉力、その他関係性の力学が軸となる。

顧客

企業の運勢は顧客のそれと直接関係している。顧客の集中度が高いと、一社がつまずいたり、大きな契約が一つなくなるだけで悲惨なことになる。さらに、好ましい条件を交渉で勝ち取る能力も、顧客ベースが分散されている企業に比べて限られてしまう。上場企業は、10－Kの「事業」や「顧客」の欄において上顧客やその集中度を開示することが多い。集中度が高い場合は、顧客の詳細な調査が必要となる。この作業は、実際の投資機会を調査する場合と似ている。主たる顧客の業績のトレンド、見通し、財政的健全性に注意を向けるのだ。

顧客に関するデューデリジェンスでは、関係の長さも対象となる。概して、関係が長ければ長いほど親密度や持続性は高くなる。顧客一社が売上高の二〇％を占めていたら驚くかもしれないが、その関係が数十年も続いているとしたら安心するであろう。また、特定の関係性の力学に目を向けたいところである。例えば、製品の切り替えコストが高く、顧客に代替案がほとんどないとしたら、その親密度という要素は安心である。

デルファイのS－1によれば、同社の顧客上位一〇社が総売上高の六五％を占め、上位三社が三八％を占めている（**図表3－6**）。

図表3－6　デルファイの顧客リスト

顧客	売上高に占める%
GM	21%
フォード・モーター	9%
フォルクスワーゲン・グループ	8%
ダイムラーAG	6%
PSAプジョー・シトロエン	5%
ルノーSA	4%
上海GM	4%
フィアット・グループ	3%
現代・起亜自動車	3%
トヨタ自動車	3%

警戒を要するほどではないが、この水準の集中度は精査が必要である。幸運にも、顧客上位とデルファイとの関係は数十年に及ぶ。時間の試練に耐えたトラックレコードなのだ。また、主要顧客のほとんどが信用状況は安定しており、最も高い投資格付けを持っている。

おそらく、最も安心できることは、デルファイが二〇一一年後半のＩＰＯ時に投資家に顧客の分散を高めると確約したことであろう。経営陣は将来、顧客一社で売上高の一五％以上を占めることはないと述べたのだ。その年の前半にデルファイがＧＭが保有する四三億ドル相当の自社株買いをしたことは、同社の最大顧客の影響力が長期的には低減していくことになるわけで、ＩＰＯ時の投資家にはさらなる安心材料となった。

また、デルファイは地域的な分散計画を発表したが、そこでは北米、ヨーロッパ、アジア太平洋、南米の地域バランスを三〇%、三〇%、一〇%とすることを目指すとしたのだ。これに対してIPO時の配分は、三三%、四三%、一六%、八%であった。

納入業者

少数の顧客に過度に頼っている場合と同様に、納入業者の集中度にも注意を払う必要がある。大手納入業者は、顧客に対して大きな影響力を持っている傾向にあり、それが攻撃的な行動をとられるリスクを高めている。これは、入手が難しい原材料や、入手先が一社となっている状況でとりわけ顕著である。概して、投資家は納入業者が提供する原材料やサービスが、企業のCOGS（売上原価。COGSは、企業が提供する製品やサービスを生み出すためにかかる直接費である。通常、COGSには、原材料費、人件費、販売費、製造コストが含まれる）の大きな割合を占めている場合には注意が必要である。

10－Kや目論見書で主要な納入業者を具体的に列記している企業もあれば、特定の原材料に対するイクスポージャーを記載している企業もある。一般的な原材料としては、金属

（例えば、アルミニウム、銅、鉄鋼）や石油製品（石油、ガス、樹脂類など）などがある。一社や二社の納入業者に依存している企業は、原材料の不足や操業上の混乱に影響を受けやすい。

デルファイはS－1で納入業者や原材料に対するイクスポージャーは銘記していないが、次のように記している。

「われわれは世界中のさまざまな納入業者から原材料を仕入れております。概してわれわれは、輸送費などを最小化するために製造拠点のある地域で原材料を調達しようとしております。われわれの製品を製造するうえで最も重要な原材料としてアルミニウム、銅、樹脂類があります」

デルファイの顧客集中度と同様に、コモディティに対するこの高いイクスポージャーは精査する価値がある。幸運なことに、同社の納入業者のリストは世界的に分散されたものであった。同社の世界展開は必要に応じた現地調達を可能にしているのだ。われわれは、当該コモディティ価格のボラティリティと、デルファイが価格の急騰を切り抜けることができるかどうかというリスクが大きいと考えていた。だが、後に議論するように、デルファイは原材料の価格変動に関するパススルー契約とヘッジを通じて、このイクスポージャーを効率的に緩和していたのだ。

五．事業の主たるリスクは何か

業務上のリスク

自らの投資テーマに対するリスクに常に目を光らせておかなければならない。これまでに、景気循環に対するイクスポージャー、競争の圧力、顧客・納入業者の問題、上昇する原材料費と数多くの業務上のリスクに触れてきた。さらに、為替の変動、技術面での陳腐化、財務レバレッジといったリスクも付け加える必要がある。

デルファイのS－1には、同社の業務上のリスクとして次のように記されている。

●**生産量**　「自動車の販売量や生産量は極めてシクリカルであります。世界的な自動車販売量の減少はわれわれの顧客であるOEMの生産量の低下につながり、それがわれわれのキャッシュフローに直接影響します。直近では、二〇〇九年の減少がその例で、北米および西ヨーロッパの自動車生産量はそれぞれ四三％と二六％の減少となりました。これは二〇〇七年の水準を下回るものであります」

●競合他社　「われわれは、自動車部品という極めて競争の厳しい業界で活動しております。主に、価格、テクノロジー、品質、納期、顧客に対するサービス全般で競争を迫られております」。競争はあらゆる業界に存在する。今日競争が穏やかな業界でさえ、明日には未知の新規参入があるかもしれないのだ。

●顧客　「われわれの上位五社の顧客が持つ市場シェア、またはビジネスの減少はわれわれの収益や収益性に不釣り合いなまでの悪影響を与えかねません」。顧客が集中することで、営業上の問題や財政的困難など主要顧客の問題に企業はさらされることになる。

●納入業者　「納入業者との関係、とりわけ単独供給の業者との関係性に重大な問題が起こるとわれわれの収益性は毀損しかねません」。顧客と同じように、納入業者の集中も、サードパーティーに対する脆弱性を高めることになる。

●原材料コスト　「ここ数期間、世界的に銅、アルミニウム、石油由来の樹脂製品、そして燃料費が大きく変動しており、われわれの事業に好ましからざる影響を与えております」。主要な原材料の価格が高騰すると、決算に大きな影響を及ぼす。デルファイはヘッジと顧客との契約上、原材料費の変化を転嫁できるパススルー条項を組み合わせて、このリスクを和らげている。

●**為替**　「為替のイクスポージャーは将来のキャッシュフローに影響を及ぼす可能性があります。二〇一〇年の収益の六五％ほどは米ドル以外の通貨建てで発生したものる……顕著なのはメキシコ・ペソ、ユーロ、中国元、トルコ・リラ、イギリス・ポンドであります」。デルファイが発表する米ドル建ての売上高や利益は外国為替の影響を受けけるが、売り上げと費用とを同じ通貨で対応させる戦略をとっているので、通常、利益率は守られることになる。

●**新技術**　「われわれは規制の変更や技術面でのリスクに即座に対応できない可能性があります。また保有する知的財産を商業的に利用可能な製品へと発展させられない可能性があります」。あらゆる事業は、既存の財やサービスの価値を変えてしまう代替技術の脅威と向き合わなければならない。

●**レバレッジ・流動性**　「長期的な経済停滞や経済的不確実性は、われわれの事業に負の影響を及ぼし、追加的な資金調達が必要となる可能性があり、またそれが不可能となる

図表3－7 リスク感応度の分析

科目	感応度	影響	
		売上高（100万ドル）	EBITDA（100万ドル）
生産量	+/- 1%	+/- $150m	+/- $40m
ユーロ	+/- 10%	+/- $650m	+/- $65m
銅価格	+/- 10%	+/- $85m	+/- $15m
原油価格	+/- 10%	−	+/- $25m

可能性もあります」。企業は、景気後退に備える十分なクッションを生み出すために、自らのバランスシートと流動性を管理する必要がある。通常これは、融資枠、手元資金、慎重な借り入れや償還スケジュール（企業は、負債の満期スケジュールをバランスの取れたものにすべきで、一時にすべての満期が到来するのではなく、数年間にわたって配分されるようにすべきである。本章の後半、財務のデューデリジェンス「三 バランスシートは健全か」を参照）といった形をとるものである。

主要なリスクを確認したら、投資判断に資するようそれらを定量化したい。**図表3－7**に、デルファイの生産量、ユーロ・米ドルの為替レート、そして銅や原油価格の変動に対する感応度を示している。潜在的なリスク要因の変化率は、それぞれが売上高およびＥＢＩＴＤＡに与える影響を示している。

業務外のリスク

投資テーマに影響する業務外のリスクも認識しなければならない。規制や地政学や環境や法律に関連するリスクがそれである。これらのリスクは、業務上のリスクよりも予見するのが難しいことが多い。だからといって、無視してよいわけではない。

業務外のリスクは、特定の業界や地域の企業にとりわけ関係する。デルファイについていえば、自動車部品業界には、製品のリコールと環境面での規制の問題という広く語られた歴史がある。さらに、中国での大規模な操業には途上国市場やその国特有の地政学的リスクが付随する。

デルファイが抱える業務外のリスクは同社のS－1で次のように開示されている。

●**規制**　「われわれは規制の変更に即座に対応できない可能性があります」。規制や規則、または法律の予期せぬ変更は、潜在的な脅威として常に存在する。

●**地政学**　「われわれはアメリカの法が及ばない地域で事業を行うことに伴うリスクに直面しております……中国での事業は……経済や市場の状況に敏感であります」。「リスクの高い」国での大規模な操業は、国内の混乱、政権交代、事業環境の不確実性、制裁措置、そして関税などに対する感応度が高まるにつれ、大きな懸念となる。

●**環境**　「われわれは……環境面での規制、訴訟、またはその他義務によって……ネガティブな影響を受けるかもしれません」。環境面でのリスクは通常、業界特有のものである。例えば、アスベスト関連の訴訟の結果、何十億ドルもの罰金が科され、一九八〇年代から二〇〇〇年代初頭において業界内で大きな破綻がいくつもあった。

●**法律**　「保証請求、製品のリコール、製造物責任（ＰＬ）、知的財産の侵害行為などの結果、多額の損失または費用を被る可能性があります」。投資家は、すべての保有銘柄において法的リスクの現実と向き合わなければならない。自動車関連業界では、不良品やリコールが特に関係する。

存続にかかわるリスク

存続に関する脅威は、企業の存在そのものを脅かすものである。破壊的技術の登場は、常に古いビジネスモデルにとって脅威となる。デューデリジェンスの一環として、企業が技術革新に耐える立場にあることを確認したい。これと同じ分析は空売りのアイデアを見いだすためにも用いることができる。

企業がイノベーションの最前線にある、またはその企業自身が破壊者であることが理想だ。新デルファイの立場がまさにそれである。当初から自動車の電化とコネクティビティを奉じた同社のビジョンと勇気は、今後一〇年間のデルファイの成功の基礎となる。

小売業界では、ブロックバスタービデオやボーダーズグループの倒産が、破壊的技術にひっくり返された企業の最たる例である。レンタルビデオ店を運営していたブロックバスターは、二〇〇四年に売り上げで六〇億ドル、EBITDAで五億ドル生み出していた。だが、二〇一〇年までに売り上げとEBITDAはそれぞれ三二億五〇〇〇万ドルと二〇〇〇万ドルまで減少していた。何が起きたのだろうか。人々は自宅で映画を見ることに興味を失ってしまったのか。もちろん、そうではない。視聴者のリビングルームに映画を届けるまったく新しい方法が登場したのだが、ブロックバスターは進化できなかったのだ。

主たる破壊者はネットフリックスで、同社は当初郵送でのDVDレンタルを行い、後にオンラインの動画配信を始めたのである。二〇〇四年から二〇一〇年の同じ期間に、ネットフリックスの売り上げは五億ドルから二二億ドルに、EBITDAは二五〇〇万ドルから三億二五〇〇万ドルに増大した。最終的にブロックバスターは二〇一〇年九月に破産申請を行ったが、一方でネットフリックスの株価は二〇〇二年のIPO時の一ドル（分割調整後）から二〇一〇年末までに二五ドルに上昇した。二〇一九年末時点での同社の株価は三二四ドルである。

書籍と音楽の小売りを行っていたボーダーズは、アマゾンドットコムのｅコマースという強大な破壊力によって似たような運命をたどった。二〇〇五年、ボーダーズは四〇億ドル近い売り上げと三億ドルのＥＢＩＴＤＡを生み出していたが、二〇一〇年までにそれぞれ二二億ドルとマイナス二億ドルまで減少してしまった。

なぜだろうか。人々は読書に関心を失ってしまったのだろうか。それどころか本の売り上げは増大し、アマゾンがその恩恵を手にしたのだ。ボーダーズはビジネスモデルを順応させることができず、最終的に二〇一一年一月に破産申請を行った。一方、アマゾンの株価は、一九九七年のＩＰＯ時の二ドル（分割調整後）から二〇一一年末までには二五〇ドル超まで上昇した。二〇一九年末時点で、同社の株価は一八四八ドルである。

財務のデューデリジェンス

財務のデューデリジェンスでは、企業の過去と将来の財務パフォーマンスに関する分析と解釈が主眼となる。これは事業のデューデリジェンスと密接に関連している。その両方が必要であり、一方だけでは不十分なのだ。

ある程度の計算力が必要とはなるが、うれしいことに足し算と引き算と掛け算と割り算の基本ができれば十分である。また、損益計算書、バランスシート、キャッシュフロー計算書といった三つの主要な財務諸表を読み解くことができるようにもなる。マイクロソフトのエクセルが使えればかなり便利だが、絶対に必要だというわけではない。

基本的な算数の知識があれば、実際の計算は簡単である。難しいのはデータを解釈した後である。企業の業績の原動力となっているのは何なのか。それは持続可能なのか。競合他社はどのような反応を示すのか。業績は向こう一年、二年、五年、さらには一〇年どのようなものとなりそうなのか。最終的に、自らの分析を通して将来の業績について確信を得たいところであるが、もちろん、それはけっして確実なものではない。

事業のデューデリジェンスと同じように、財務のデューデリジェンスを行うための五つの質問からなるチェックリストを提供する（図表3－8）。

一・企業の現状はどのようなものか

図表３−８　財務のデューデリジェンスのチェックリスト

財務のデューデリジェンスのチェックリスト

一．企業の現状はどのようなものか

二．将来どのようになるか

三．バランスシートは健全か

四．安定したフリーキャッシュフローを生み出しているか

五．経営陣はどのように資本を配分しているか

まずは、企業の過去の業績に注目する必要がある。企業はどのように、そしてなぜ売り上げや収益性が上昇したのか、横ばいなのか、減少したのか。通常、結論を出すには過去三～五年の期間を見れば十分であり、とりわけそれが先の景気循環を取り込んでいればなおさらである。そして、非経常科目やＭ＆Ａが適切に調整されているといった具合に、数字が「クリーン」であることを確認しなければならない。また、それらのトレンドを競合他社のそれと比較し、差異を理解する必要がある。

デューデリジェンスでは、事業再生や弱点を発見するために柔軟性を持つ必要があると

前述した。デルファイは最近破綻状態を脱したので、この部類に属することは明白である。二〇〇五年の同社のチャプターイレブン入りは、競争力のない費用構造、過大な債務、多額の年金負債が原因であった。当時、デルファイのＥＢＩＴＤＡは負であり、債務は全体でおよそ二二〇億ドルにも上った。同社はキャッシュを垂れ流し、金利や年金や営業費用を賄う明確な道筋を欠いていたのだ。

ちなみに、チャプターイレブンの対象となったのはデルファイのアメリカにおける資産だけである。アメリカの再建話が新聞の見出しのほとんどを飾る一方で、ヨーロッパのリストラ計画も劣らず印象的なものがあった。デルファイはヨーロッパでの事業を二桁の利益率を誇る未曾有の利益マシンへと転換させた。これは、時間労働者の三〇％が臨時雇いである北アフリカや東欧のコストの低い生産拠点、そしてポーランドなどのＢＣＣ出身の優秀なエンジニアへの外部委託が成功したことに後押しされたものであった。

数年間に及ぶ破綻期間中、デルファイは製品種目を一九九から三三へと劇的に減少させた。それに劣らず重要だったのが、同社はステアリングとパッシブセーフティ部門など、勝算の最も高い一一の既存事業に特化する道を選んだのだ。二〇〇九年夏までに、デルファイの主要株主たちは労働組合に加入しているアメリカの残りの工場を取り戻す契約の交渉をGMと行った。

その結果、新デルファイは健全なバランスシート、適正規模の費用構造、合理化された製品群を持つに至ったのだ。純粋な財務的視点からすると、破綻によってデルファイは法人税率を二〇％まで引き下げることに成功した。税率が下がったことで、より多くの営業利益をEPS（一株当たり利益）やFCF（フリーキャッシュフロー）に転換できることになる。これによって、より高い税率を負担しているアメリカの競合他社に対して明確な優位性を手にしたのだ。

図表3－9にあるように、二〇〇七～二〇〇九年にかけての劇的な低迷の後、同社の運気は改善し始めた。二〇一〇年、売上高は一七・五％増大し、二〇一一年にも同程度の結果となった。この売上高の大幅な増大の要因は何であったのだろうか。ありがたいことに、デルファイの二〇一一年のS－1のMD&A（経営者による財務状態および経営成績の検討と分析。SECへの提出書類で前会計期間の財務パフォーマンス、そして通常はそのトレンドと見通しを概説している）に明解な説明があった。

「われわれの売上高の改善は、OEMによる生産量ならびに一台当たりの部品数の増

図表3－9　デルファイの過去５年間の財務サマリー――損益計算書とフリーキャッシュフロー

（単位＝100万ドル。１株当たりのデータ除く）

デルファイの過去五年間の財務サマリー――損益計算書とフリーキャッシュフロー	会計年度					CAGR
	2007年	2008年	2009年	2010年	2011年予測	(07～11年)
部門別売上高						
電装部品	$5,968	$5,649	$4,295	$5,620	$6,622	2.6%
パワートレインシステム	$5,663	$5,368	$3,624	$4,086	$4,918	(3.5%)
電子部品およびセキュリティシステム	$5,035	$4,048	$2,562	$2,721	$2,955	(12.5%)
サーマルシステム	$2,412	$2,121	$1,373	$1,603	$1,796	(7.1%)
損益計算書						
売上高	$19,526	$16,808	$11,755	$13,817	$16,039	(4.8%)
成長率%	1.0%	(13.9%)	(30.1%)	17.5%	16.1%	
総利益	$883	$651	$228	$2,049	$2,526	30.0%
総利益率%	4.5%	3.9%	1.9%	14.8%	15.7%	
EBITDA	$731	$269	$84	$1,633	$2,044	29.3%
利益率%	3.7%	1.6%	0.7%	11.8%	12.7%	
成長率%	NM	NM	NM	NM	25.2%	
D&A	$871	$822	$679	$421	$478	(13.9%)
金利費用	764	434	8	30	123	(36.7%)
純利益	($1,760)	($2,013)	($866)	$631	$1,072	NM
希薄化後株式数(1)	686	686	686	686	328	
EPS	($2.57)	($2.93)	($1.26)	$0.92	$3.27	NM
成長率%	NM	NM	NM	NM	255.0%	
キャッシュフロー計算書						
営業活動によるキャッシュフロー	($98)	$455	($98)	$1,142	$1,356	NM
マイナス　資本支出（キャペックス）	(577)	(771)	(409)	(500)	(629)	
売上高に対する%	3.0%	4.6%	3.5%	3.6%	3.9%	
フリーキャッシュフロー	($675)	($316)	($507)	$642	$727	NM
FCF / S	($0.98)	($0.46)	($0.74)	$0.94	$2.21	NM
成長率%	NM	NM	NM	NM	136.7%	

(1)＝IPO時の、2011年時点での予想希薄化後株数

大による影響を反映したものであります。これらの改善は世界経済が安定してきていることを継続して示しております。しかし、北米および西ヨーロッパでの取引高は二〇〇八～〇九年以前のそれよりも大幅に低いままであります」

では、売上高と並行した動きを示したデルファイの収益性に目を向けてみよう。総利益率は二〇〇九年の一・九％という低さから、二〇一一年予測で一五・七％と劇的な改善を示した。純利益は八億六六〇〇万ドルの赤字から一一億ドルの黒字に増大した。そして、同社は多額のＦＣＦを生み出すようになったのである。ＭＤ＆Ａには次のようにある。

「二〇一〇年、リストラクチャリングがおおむね完了した結果、固定費が減少し、生産拠点で改善が見られ、人件費も減少しました。われわれはアメリカと西ヨーロッパの拠点を劇的に削減し、一般販管費の構造を再構成し、人件費のうち変動費が占める割合を高めました」

デルファイの柔軟性ある新たな労働力と営業レバレッジが利益を後押しする重要な要因

であった。さらに、同社はコモディティ価格を巡る環境が改善したことからも利益を得ている。だが、この成功は持続可能であろうか。

二．将来どのようになるか

企業の今日に至る状況は分かったので、次は将来どのようになるかを把握する番である。企業が向こう一年、二年、五年、さらには一〇年にわたりどのようになるかを可視化していこう。成長期待はバリュエーションにとって重要である。株式投資家は成長の遅い企業よりも、成長が早い企業を高いマルチプルをもって報いる傾向にある。彼らは本業の成長と買収による成長とに焦点を当てるが、概して前者のほうが好ましいと考えている。

成長性では売上高と利益に注意が向けられるが、投資家は双方の成長を求める。利益成長なき売上高の増大が費用に関する疑問を招来するのは明らかだ。同様に、売上高の増大なき利益成長は持続可能性に疑義が生じる。雑巾を絞れるだけの多額の費用があるというだけの話なのだ。

企業の成長見通しは、財務モデルに反映される必要があるが、通常は五年間の予測を行う。目的は、最も可能性の高い結果を導き出すことだ。それには誤差が含まれることは避けられないが、コアとなる予想が十分な調査と検討を経たものであれば、実現値との差異が生まれる可能性も小さくなる。

将来は本質的に不確実であるが、手がかりを探す必要がある。まずは、直近の決算報告書、MD&A、投資家向けプレゼンテーションから取り掛かればよい。多くの企業が一定の幅をもってガイダンスを提供している。経営陣の能力そして信頼性に対する見立てが解釈に影響する。セルサイドのリサーチやコンセンサス予想もさらなる見立てを提供するものだが、とりわけ最も評価の高いアナリストのそれは有益である。

ガイダンスやコンセンサスがどのようなものかにかかわらず、独自の作業を行う必要がある。「コンセンサス」がそれを構成する個々のアナリストの予想から大きく乖離している場合もある。それゆえ、企業の主たる財務ドライバーとそれに応じた財務モデルへの理解を高めることが欠かせないのである。

財務予測を行うにあたり、まずは前項で行った作業を振り返ってみよう。これまでの売上高、EBITDA、EPSの成長率、さらには利益率のトレンドに焦点を当てるのだ。そうして初めて将来を見通すことができるようになる。成長率は同じ軌道をたどるのか、加速するか、それとも減速するだろうか。

先に議論したとおり、二つまたは三つの主な変数が財務パフォーマンス、そして財務予測を左右することが多い。デルファイの売上高は、主に世界各地の生産量、受注残、価格の関数であることを思い出してほしい。それゆえ、年間売上の予測は通常、将来を見越したサードパーティーの生産量のデータ、新規の案件や受注残の成長性、値引き率に基づくことになる。

収益性予測については、投資家は総利益、ＥＢＩＴＤＡ、そして純利益に焦点を当てる。売上高からＣＯＧＳを差し引いて定義される総利益は、製品とサービスの生産に直接かかる費用を差し引いた後に残った利益のことである。ＣＯＧＳはほとんどが変動費で、製品やサービスの販売量と相関関係にある。総利益率は総利益が売上高に占める割合として算出される。

総利益を求める詳細なモデル化では、主要な投入資源の価格と数量に基づいてＣＯＧＳを見積もることになる。デルファイの主要なＣＯＧＳは主に原材料と人件費であるが、これに製造間接費と輸送費が加わることになる。一方、「ざっくりとした」方法では直近のトレンドや第三者の調査や経営陣のガイドラインに基づいて売上高の何％として総利益を見積もることになる。

同じことが、ＣＯＧＳとＳＧ＆Ａ（一般販管費）、つまり諸経費とを差し引いた額であるＥＢＩＴＤＡやＥＢＩＴのモデル化についても当てはまる。詳細な方法では、ＳＧ＆Ａを独立科目として予測し、それを総利益から差し引くことでＥＢＩＴ（ＥＢＩＴの計算では、Ｄ＆Ａ費用はＣＯＧＳ、そして金額は比較的小さいがＳＧ＆Ａに含まれると仮定する）を算出する。そして、Ｄ＆Ａ費用を足し戻してＥＢＩＴＤＡの値を求めるのである。Ｄ＆Ａは過去の水準に基づいて売上高の割合として見積もられることが多い。

ＳＧ＆Ａの費用はおおよそ固定され、ＧＤＰまたは「インフレ率を加味した」比率で増大させることで推計される。もしくは、直近のトレンドに従って売上高の何％として算出することもできる。どちらの方法にしても、費用を大幅に縮小・拡大させる計画に注意を払う必要がある。というのも、これは、この科目に大きな影響を与えるからである。

純利益については、金利費用と税金を考慮する必要がある。これらの費用が動的なものであるかぎり、仮定した高い水準の利益率に頼るよりも、個別にモデル化したほうが堅実である。これは、債務を返済しており、それゆえ将来の金利費用が低減していくレバレッジの高い企業ではとりわけ重要である。また、自社株買いや成長資金を手当てするため債務を増やしている企業にも当てはまることである。

一株当たりの指標については、ＥＰＳやＦＣＦイールド（ＰＦＣＦＲの逆数）が最も有名で、純利益やフリーキャッシュフローなどの分子を希薄化後株式数で割ることになる。分母については、自社株買いや新規発行や将来の株式数に影響を与えるその他コーポレートアクションの可能性に留意しなければならない。

図表３－10には、デルファイに関するわれわれのモデルにおける具体的な仮定を掲載している。これらは過去の業績のみならず、地域別の生産見通し、受注残、見積もり、標準的な割り引きを参考にしたものである。**図表３－11**にあるように、これらの仮定の結果、売上高は向こう五年間で年平均成長率（ＣＡＧＲ）六％超で増大することになる。総利益率は予想期間の末までに一七・五％を超え、ＥＢＩＴＤＡマージンは一四・五％に達する。

さらに、自社株買いによって株式数が減少することで、ＥＰＳやＦＣＦイールドは収益やＥＢＩＴＤＡよりも大幅に早く増大すると予測している。自社株買いに関しては、一年目の二億五〇〇〇万ドル相当から始まり、五年目までに七億五〇〇〇万ドル相当に達すると仮定している。

図表3－10　モデルの仮定をまとめる（単位＝100万ドル）

モデルの仮定をまとめる					
	予測期間				
	2012年予測	2013年予測	2014年予測	2015年予測	2016年予測
売上高ドライバー					
小型乗用車生産量（単位＝1000台）					
北米	13,907	14,880	15,624	16,093	16,576
ヨーロッパ	18,527	19,268	19,846	20,442	21,055
南米	4,394	4,526	4,617	4,663	4,686
中国	18,544	19,842	22,216	23,786	25,071
地域別イクスポージャー					
北米	34%	34%	34%	34%	33%
ヨーロッパ	39%	38%	37%	37%	37%
南米	8%	8%	8%	7%	7%
中国	20%	20%	21%	22%	22%
受注残増分	$900	$900	$1,000	$1,000	$1,000
値引き率	(2%)	(2%)	(2%)	(2%)	(2%)
費用・支出					
売上高に対するCOGS	83.9%	83.4%	82.9%	82.7%	82.4%
売上高に対するSG&A	5.5%	5.5%	5.5%	5.5%	5.5%
売上高に対するD&A	3.0%	3.0%	3.0%	3.0%	3.0%
売上高に対するキャペックス	4.5%	4.5%	4.5%	4.5%	4.5%
資本配分					
自社株買い	$250	$350	$450	$500	$750
配当	-	-	-	-	-

図表3－11　デルファイの向こう５年間の財務予測サマリー――損益計算書とフリーキャッシュフロー

（単位＝100万ドル。１株当たりのデータ除く）

デルファイの向こう５年間の財務予測サマリー――損益計算書とフリーキャッシュフロー	予想期間					CAGR
	2012年予測	2013年予測	2014年予測	2015年予測	2016年予測	(11～16年)
部門別売上高						
電装部品	$6,817	$7,319	$7,852	$8,269	$8,662	5.5%
パワートレインシステム	$5,145	$5,633	$6,108	$6,478	$6,885	7.0%
電子部品およびセキュリティシステム	$3,053	$3,374	$3,703	$3,987	$4,267	7.6%
サーマルシステム	$1,854	$1,983	$2,139	$2,263	$2,379	5.8%
損益計算書						
売上高	$16,594	$18,023	$19,507	$20,691	$21,879	6.4%
成長率％	3.5%	8.6%	8.2%	6.1%	5.7%	
総利益	$2,671	$2,991	$3,335	$3,589	$3,850	8.8%
総利益率％	16.1%	16.6%	17.1%	17.3%	17.6%	
EBITDA	$2,157	$2,433	$2,731	$2,948	$3,172	9.2%
利益率％	13.0%	13.5%	14.0%	14.2%	14.5%	
成長率％	5.5%	12.8%	12.2%	8.0%	7.6%	
D&A	$490	$532	$575	$610	$645	7.2%
金利費用	123	121	120	119	117	(1.3%)
純利益	$1,180	$1,371	$1,577	$1,726	$1,882	11.9%
希薄化後株式数	324	314	304	294	284	
EPS	$3.65	$4.36	$5.19	$5.87	$6.64	15.2%
成長率％	11.7%	19.7%	19.0%	13.2%	12.9%	
キャッシュフロー計算書						
営業活動によるキャッシュフロー	$1,639	$1,836	$2,083	$2,282	$2,472	12.8%
マイナス　資本支出（キャペックス）	(747)	(811)	(878)	(931)	(985)	
売上高に対する％	4.5%	4.5%	4.5%	4.5%	4.5%	
フリーキャッシュフロー	$892	$1,025	$1,205	$1,351	$1,487	15.4%
FCF / S	$2.76	$3.26	$3.97	$4.60	$5.24	18.8%
成長率％	24.5%	18.4%	21.5%	15.9%	14.1%	

三．バランスシートは健全か

健全な事業には健全なバランスシートが不可欠である。それは本業の成長やM&Aを通じた事業の拡大だけでなく、資本還元の柔軟性をもたらすものである。また、困難な時期のバッファーともなる。反対に、脆弱なバランスシートは成長を阻害し、外部資金の調達力を制限し、誤りに対する許容範囲を狭めるものである。

企業のバランスシートを理解するためには、その資本構造と主たる信用指標を調査する必要がある。資本構造とは、企業の負債、自己資本の額、内容、条件のことである。負債が多ければ多いほど、リスクは大きくなる。リーマンショックの前段で目にしたとおり、洗練された投資家の多くが余裕のない、拡大（ストレッチ）したバランスシートの危うさを過少評価していたのだ。

資本構造は財務と業務のパフォーマンスに影響を与える。レバレッジが高いということは金利費用が大きいということであり、利益そしてキャッシュフローにネガティブな影響を及ぼす。また資本構造に問題があると、事業資金が不足するかもしれない。さらに極端な場合は、流動性に問題が生じ、破綻する可能性もある。

企業が破綻すると、株式投資家は資本構造では最も劣後した立場に置かれているので、重大な被害を受けるか、全額を失うことになる。資金の貸し手と異なり、株主は金利の支払いも、あらかじめ決められた満期日に元本の返済を受けることも保証されていないのだ。ステップ2で述べたとおり、株式投資家にとっては、より低いレバレッジとより高いカバレッジが望ましい。

また、株式投資家は企業の負債の返済期限がいつ来るか、つまり負債の満期スケジュールを認識しておく必要がある。満期日には、負債は市場からの新たな資金で借り換えられるか、手元資金で返済されなければならない。もしそれができなければ、企業はデフォルトに陥るのだ。借り換えや債務の返済ができないのは、財務パフォーマンスがお粗末か、資本市場が脆弱か、またはその両方かである可能性がある。いずれにせよ、その結果は破綻となることが多い。

バランスシートの視点からすると、デルファイは破綻から脱し、信用状況は大幅に改善されていた。IPO時点で、レバレッジは一倍まで低下していたが、現金残高が一四億五〇〇〇万ドルあったことを考えると、正味のレバレッジはたった〇・三倍であった。一三億ドルに上る新たな信用枠によって同社の流動性の状態は強化されていた。さらに、同社は向こう五年間に満期を迎える多額の負債を有していなかったのだ。

これによって、デルファイは健全な本業と本業以外での成長を望める立場に立った。同社のバランスシート上の余力は、Ｒ＆Ｄや資本投資、Ｍ＆Ａ、自社株買い、そして配当に充てることができた。われわれは、今後デルファイの信用状態はＥＢＩＴＤＡの増大と債務の返済を通じて改善し続けると予測した（**図表３－12**）。

もちろん、レバレッジがすべて悪いとは限らない。適切に用いれば、強力なバリュードライバーとなる。負債は本質的に株式よりも安価であり、ある時点までは……成長資金を賄うには最適な方法であることが多い。それゆえ、投資機会の評価をする際には、必ずバランスシート上の余力を分析しなければならない。

追加的な借り入れを用いて、自社株買いやＭ＆Ａが行われ、その結果ＥＰＳが増大することがある。レバレッジが二・五倍の競合他社に対しそれが一・五倍の企業では、自社株買いまたは買収を行うための資金を調達するために、レバレッジを一倍分増やすと予想することもできる。そして、それぞれのシナリオに応じてプロフォーマＥＰＳを評価すればよい。この分析は潜在的なカタリストを見いだす一助となる。デルファイについては、ＩＰＯ後の総レバレッジが一倍であったので、われわれは自分たちの想定以上の自社株買い、

図表3－12　デルファイの向こう５年間の財務予測サマリー――バランスシートサマリー

（単位＝100万ドル。１株当たりのデータ除く）

デルファイの向こう５年間の財務予測サマリー　バランスシートサマリー		予測期間				
	2011年予測	2012年予測	2013年予測	2014年予測	2015年予測	2016年予測
財務指標						
EBITDA	$2,044	$2,157	$2,433	$2,731	$2,948	$3,172
金利費用	123	123	121	120	119	117
資本支出	629	747	811	878	931	985
売上高に対する％	3.9%	4.5%	4.5%	4.5%	4.5%	4.5%
資本構造						
現金	$1,455	$2,012	$2,651	$3,370	$4,185	$4,802
有担保負債	1,042	956	920	884	848	728
負債合計	2,114	2,028	1,992	1,956	1,920	1,800
純負債	658	16	(659)	(1,414)	(2,265)	(3,002)
信用指標						
カバレッジ						
EBITDA / 金利費用	16.6x	17.5x	20.0x	22.7x	24.8x	27.2x
(EBITDA－キャペックス) / 金利費用	11.5x	11.5x	13.4x	15.4x	16.9x	18.7x
レバレッジ						
有担保負債 / EBITDA	0.5x	0.4x	0.4x	0.3x	0.3x	0.2x
負債合計 / EBITDA	1.0x	0.9x	0.8x	0.7x	0.7x	0.6x
純負債 / EBITDA	0.3x	0.0x	(0.3x)	(0.5x)	(0.8x)	(0.9x)
営業資本						
正味営業資本	$587	$613	$675	$739	$789	$839
売上高に対する％	3.7%	3.7%	3.7%	3.8%	3.8%	3.8%

ならびに将来のM&Aがあり得ると考えた。

四．安定したフリーキャッシュフローを生み出しているか

キャッシュフローは企業にとって必要不可欠なものである。これは、COGS、SG&A、金利、そして関連の税金といったすべての現金費用を支払った後に生まれる現金のことであり、キャペックスや営業資本の原資でもある。それゆえ、これは成長に向けた投資、株主への資本還元、債務の返済を行う企業の能力を示すものである。多くの投資家にとって、PFCFRまたはFCFイールドは自らの投資が依って立つ主たるバリュエーションの基準となる。

投資家は、EBITDAまたは純利益のうちキャッシュフローに転換される割合を分析している。FCFが純利益を上回っている企業のリポートを目にするかもしれないが、それは強力な合図である。これが、資本投資の必要性が低いこと、または運転資本が効率的に回っているがゆえであれば理想的である。しかし、過少投資や一過性の税控除など一回限りの要因で増大しているFCFには注意が必要である。同様に、利益が堅調でも一貫し

てＦＣＦが脆弱な企業は先々問題が起こるかもしれない。

ＦＣＦの創出はいくつもの要因によって左右されるが、そのなかでも真っ先に挙げられるのが収益性である。総利益、ＥＢＩＴＤＡ、ＥＢＩＴの利益率は企業の営業活動の収益性を示している。純利益はそこからさらに一歩進んだもので、金利費用や税金などの財務関連費用を差し引いたものである。しかし、利益率の高い事業でも資本集約度があまりに高ければＦＣＦの状況もお粗末なものとなりかねない。資本集約度とは、事業を維持し、成長させるために費消される現金のことで、注目すべきはキャペックスと運転資本である。

キャペックスは企業が有形固定資産の取得や改良や拡張や交換に用いる資金のことである。将来のキャペックスを予想するには過去の水準が役に立つ。これらの予測も企業の戦略や事業の局面に応じて過去の水準から乖離する可能性があることに留意する必要がある。拡大期にある企業は予想期間のある部分でキャペックスを増大させるかもしれない。ありがたいことに、キャペックスの計画は通常、10－Ｋや収支報告で議論されている。

また、「事業を継続するために必要となるキャペックス」と、「成長のためのキャペックス」とを区別することが重要である。通常、企業は困難な時期に成長のためのキャペックスを削減しても大目に見てもらえるものである。デルファイについては、新たに導入される製品への投資計画を勘案すると、キャペックスは二〇一一年の売上高の四％から予想期間を通じて四・五％まで増大すると予測した（**図表3－12**）。

正味運転資本（NWC）は事業を継続的に運営するために必要となる現金である。これは、売掛金と在庫（「流動資産」）で拘束される現金の合計から買掛金（「流動負債」）を差し引いたものである。一般論として、必要となる正味運転資本が大きいほど好ましくないと考えられている。売掛金や在庫に資本が縛られているということは、企業や株主の自由になる現金が少ない、ということである。

投資家は、正味運転資本の効率性を測るためにさまざまな指標に目を向ける。おそらく、最もシンプルなのは売上高に対する割合として正味運転資本を見ることだ。特に前年比の傾向は有効である。売上高に対する割合としての正味運転資本が目立って増大していたら警告サインである。一方、正味運転資本の効率が大幅に改善すれば、企業のFCFの状況も強化される。デルファイでは、正味運転資本は予想期間を通じて売上高の三・七～三・八％と比較的安定したものと仮定している。

以上、販売量が増加し、収益性が向上していることを合わせて考えると、デルファイのFCF創出の見通しは好調なものであった。**図表3－11**にあるように、われわれはデルファイのＦＣＦは予想期間を通して大幅に増大すると予想している。

五．経営陣はどのように資本を配分しているか

効率的な資本配分は一流企業の主たる差別化要因である。規律ある経営陣は継続的に自分たちの資本配分の相対的リターンを評価している。言い換えれば、費消する一ドルに対して最も高いリターンをもたらすのは何か、ということだ。現金を充当する最も一般的な方法は次のとおりである。

- 本業の成長に投資する
- 合併買収
- 自社株買い
- 配当
- 債務の返済

資本配分が重要なバリュードライバーなのだろうかと疑問に思うかもしれない。では、次のことを考えてみてほしい。ブロックバスターにもボーダーズにも当てはまることだが、その二社が早い段階で店舗を増大させるかわりにデジタルやオンライン販売に資金を振り向けることを決めた世界を想像してみてほしい。おそらく彼らは今日でも活動を続けていたことであろう。

企業は通常、まずは社内の投資機会に資本を配分することを考える。本業の成長のためのプロジェクトはリスクがより低いものと考えられるのだ。このような戦略は、新しい施設、拠点、機材、R&D、製品の導入、技術基盤といった形で姿を現すかもしれない。

企業はまた、現金を用いる最良の手段としてM&Aの機会を外部に求めるかもしれない。ここでは、戦略的な調和と支払われる価格が買収者のトラックレコードと同様に重要であることはいうまでもない。その企業にはEPSを増大させるような取引を実行し、公表したシナジーを実現してきた健全な歴史があるだろうか。潜在的なターゲット企業は戦略的なもので、価値を高めることになるだろうか。

それ以外の資本配分戦略は資本を直接還元することに焦点を当てるもので、最も注目に値するのは自社株買いと配当である。ここでもトラックレコードは重要である。過去の自社株買いについては、企業がどれだけの株式をいくらで自社株買いをしたか分析すればよい。初めて自社株買いを発表した企業については、バランスシートの許容範囲とプロフォーマEPSを分析の主眼とするべきである。

企業の配当戦略も同様の分析が求められる。企業は定期的な配当を支払っているのだろうか、それとも現金がたまったときに一時に多額の支払いを行うのだろうか。企業はどのくらいの期間配当を支払っているのだろうか、そしてそれは増大しているのだろうか。現在の配当利回りはどのくらいであろうか。配当性向として示されることだが、純利益のどの程度を配当に回しているのだろうか。配当性向が五〇％で配当利回りが三～四％で安定している企業は投資家の関心を引く可能性が高い。

債務の返済も投資家のリターンを増大させる。これは多額の負債を抱えながらもレバレッジを下げる道筋がはっきりしているクオリティーの高い企業にとりわけ当てはまる。スポンサーのいるＩＰＯ（過去にＬＢＯされた上場企業）や極めてシクリカルな企業ではこの点に注意する価値がある。ＦＣＦを利用して債務の返済を加速させれば金利費用が減少し、それゆえＥＰＳは増大する。さらに、レバレッジを低下させれば、株式のリスクが減少し、成長の余地が生まれるので、企業は再評価されマルチプルが高くなるかもしれない。

デルファイについて、われわれはM&Aが行われないかぎりFCFは自社株買いに充てられると予想した。これは、株式投資家の間では資本配分に関心がなく、また非効率だと長い間評判となっていた旧デルファイからは目を見張る進歩である。シルバー・ポイントとエリオットは、取締役会と破綻脱出後の経営陣と協力して、健全な資本配分を新デルファイの優先事項とした。注意を払っていた投資家であれば、新しい取締役たちのバックグラウンドと、彼らがバリュー志向の株主ベースとしっかりと連携していることからこう結論できたかもしれない。

結果として、われわれは予測期間を通して一年に二億五〇〇〇万ドルから七億五〇〇〇万ドル相当の自社株買いが行われると仮定した。株価の上昇を年二五%と仮定すると、希薄化後株式数は二〇一一年の三億二八〇〇万株から二〇一六年までには二億八四〇〇万株まで減少すると予想される。以上から、EPSが年平均（CAGR）でおよそ一五%増大し、FCFイールドは予想期間の五年間にわたって一九%増大すると結論した（**図表3－11**参）。

重要なポイント

●企業が何をしているのか、どうやってお金を稼いでいるかを理解する。

●企業が営む事業の主たる柱の二つか三つに焦点を当てる。

●事業のデューデリジェンスでは企業の競争上の立場、ビジネスモデルの弾力性、つまり「モート（堀）」を確認したい。

●差別化された製品、知的財産、規模、ブランド、顧客との関係、価格決定力、そして大きな先行資本投資、これらすべてが企業のモートを支えている。

●財務のデューデリジェンスでは、おもに将来へのプロローグとして過去の業績を調査する。つまり、企業が向こう一年、二年、五年、または一〇年にわたってどのようになるかを可視化するのだ。

●株式投資家はバランスシートと資本構造を無視すると、自らをリスクにさらすことになる。

●効率的な資本配分は一流企業の主たる差別化要因である。

●資本を充当する最も一般的な方法として、本業の成長、M&A、自社株買い、配当、そして債務の返済がある。

ステップ4

バリュエーションとカタリスト

株式にどのような価値があるか

すでに企業のビジネスモデル、そしてどのようにお金を稼いでいるかを分析する方法は分かった。また、財務パフォーマンスを測る方法も分かった。では、バリュエーションについて掘り下げていこう。この順番が重要なのだ。事業とその財務状況を最初に理解することなしに企業の価値を測ることができるだろうか。

われわれの最初の著書である『インベストメント・バンキング（Investment Banking）』では四〇〇ページ、一〇万語を費やしてバリュエーションを概観した。本章では、それに比べればほんのわずかな紙面を使って最も重要なコンセプトを説明していく。

バリュエーションの作業では二つの主要な疑問に答える必要がある。まず、その企業にはどのような価値があるか。そして二つ目は、それと上場市場のバリュエーションとを比較するとどうなるか。言い換えれば、その銘柄の時価は魅力的かということだ。手にするリターンは適切なタイミングで適切な価格で買えるかどうかにかかっている、つまり「会社は良いが、株式は悪い」罠を避けるということだ。

バリュエーションに関する議論はその基礎から始めよう。ウォール街のツールキットとして欠かせないのが、市場評価、本源的価値、そしてM&Aに基づくバリュエーション方法である。また、サム・オブ・ザ・パーツ分析や純資産価値といったより繊細なツールについても説明する。

ほかのバリュエーション方法には技術的というよりも、むしろイベントドリブンと言えるものもある。いわゆる「カタリスト」は株価の大きな上昇を後押しする可能性がある。それは経営戦略の進展の一環として社内で起こるかもしれないし、株主によるアクティビズムのように社外で発生するかもしれない。

上記のバリュエーション手法の組み合わせを利用して、対象とする銘柄の目標株価（PT）を決定するのだ。目標株価は最終的な投資判断、つまり買いか、売りか、要観察か、もしくは見送りかを判断するうえで中心となる要素である。それなしに、潜在的な上昇とリスク・リワードのトレードオフを適切に定量化することはできない。

図表4－1　バリュエーション

バリュエーション
一．市場評価と本源的価値によるバリュエーション
a．類似企業比較
b．ディスカウントキャッシュフロー
c．サム・オブ・ザ・パーツ
d．純資産価値
二．バイアウトバリュエーション
a．前例分析
b．LBO分析
c．EPSの希薄化分析

バリュエーション

ここから銘柄選択に用いられる主たるバリュエーションツールを詳述していく（図表4－1）。

一．市場評価と本源的価値によるバリュエーション

第2章のステップ2で要点を説明したとおり、類似企業分析（「コンプス」）は

バリュエーションの中核をなす。一つの企業の主要な株価指標を算出し、競合他社と比較するのだ。この相対分析は、株式が不適切な価格付けがなされているか、買いの機会かどうかを見いだすのに役立つ。

より学問的なツールとしてDCF（ディスカウントキャッシュフロー分析）があるが、これは企業が永久に稼ぎだすと期待されるFCF（フリーキャッシュフロー）に基づいて企業の価値を測るものである。しかし、これらのキャッシュフローは現在価値に割り引かれる必要がある。本質的に、マルチプルに基づくバリュエーション方法はDCFの省略版である。マルチプルは、企業の将来のキャッシュフローのPV（現在価値）をとらえることを意図しているのだ。

前述のバリュエーション方法にもいくつかのバリエーションがある。例えば、SOTP（サム・オブ・ザ・パーツ）は事業部門が分散している企業には適切かもしれない。SOTPでは、先に挙げた方法の一つ、またはいくつかを用いて各部門を別々に評価する。そして、各パーツの価値を合計するわけだ。

NAV（純資産価値分析）はSOTPに似ている。通常これは、一つの傘の下に複数の金融資産や実物資産が含まれている企業に用いられる。この分析は、それら保有資産の時価を合計し、そこから企業の負債を差し引くことで行われる。

a．類似企業比較

上場企業については、市場が常にバリュエーションの基準点を定めている。それらの株式は、投資家が何らかの金額で売買する公開市場で取引されている。したがって、そこでなすべきことは、それらの株式が適正な価格付けがなされているか、割安か、割高かを判断することである。

コンプスは、公開されている競合他社はバリュエーションの適切な基準点を提供しているという前提の上に成り立っている。もちろん、これは市場がそれらの企業を適切に評価していると仮定しているわけだ。

第一歩は、適切な競合他社群を見つけることである。この作業が比較的簡単な企業もある。アメリカの大型の食品・飲料企業は、当然ながらコカ・コーラ（KO）、ゼネラル・ミルズ（GIS）、ケロッグ（K）、クラフト・ハインツ（KHC）、そしてペプシコ（PEP）と比較されることになる。明確な競合他社が存在しないので、より創造力をもってこの作業に当たらなければならない企業もある。

次に、競合他社群は、規模、成長性、収益性、リターン、信用状態などの指標に従って互いに比較される。セクター独特の要件も必要に応じて追加される。それらの相対的なランキングが、特定の企業がグループ内で割高または割安で取引されている理由を知る手がかりとなる。

図表4－2で、デルファイと競合他社との比較を行っている。すでにデルファイのビジネスモデルや競合については詳細に調査しているので、競合他社群を拡張したり、絞り込んだりすることができる。われわれはそれらを長期的な成長株と系列部品メーカーとに分類した。それぞれのグループの構成は、デルファイの詳細な類似企業分析の結果を示した**図表4－3**に示されている。

株価指標が類似企業分析の核となるが、最も注目すべきはEV／EBITDA、PER（株価収益率）、そしてPFCFR（FCFイールドの逆数）である。通常、業績や期待値が高ければ高いほどマルチプルも高くなる。抜け目ない投資家はこのような相関関係の断絶を探している。おそらく、市場は、成長見通し、費用削減計画、資本還元の機会、またはその他主たるカタリストを読み違えている。ここでなすべきことは、その食い違いが魅力的な投資機会を意味しているかどうかを評価することである。

図表4－2　ベンチマーク分析

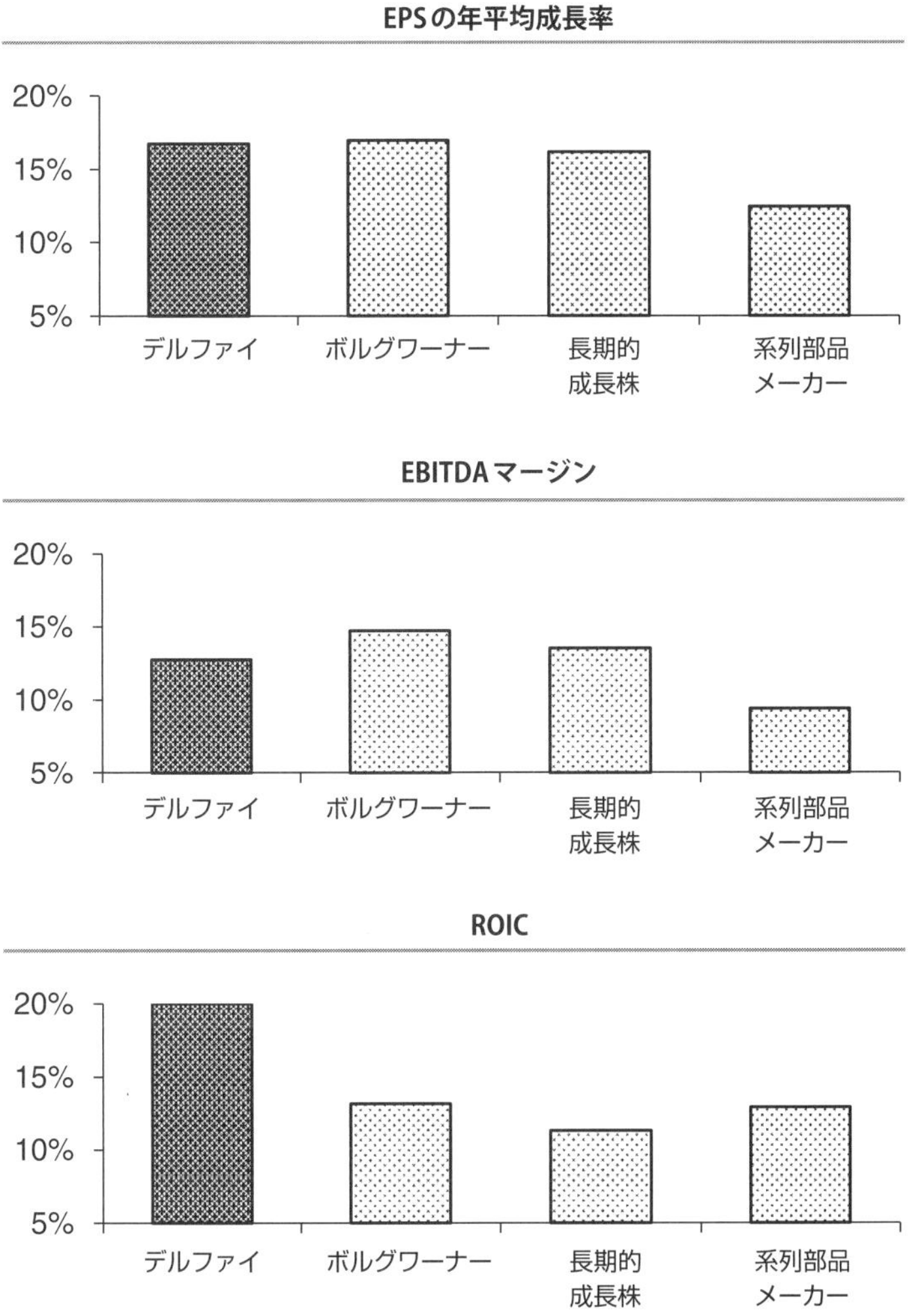

図表4－3　類似企業分析――株価指標の結果（単位＝100万ドル。１株当たりのデータ除く）

類似企業分析						EV / EBITDA			PER			FCFイールド		
企業	ティッカー	時価	52週高値に対する割合	純資産	エンタープライズバリュー	11年予測	12年予測	13年予測	11年予測	12年予測	13年予測	11年予測	12年予測	13年予測
長期的成長株														
オートリブ	ALV	$52.90	63%	$4,962	$5,048	4.3x	4.2x	4.0x	7.9x	7.9x	7.6x	8.6%	9.6%	9.8%
ボルグワーナー	BWA	$65.63	80%	$8,451	$9,527	9.0x	7.8x	6.8x	15.1x	13.1x	11.0x	3.9%	5.9%	7.2%
ジェンテックス	GNTX	$28.18	84%	$4,067	$3,611	12.9x	11.0x	9.5x	24.3x	20.1x	17.1x	2.0%	3.7%	5.6%
ハーマン	HAR	$40.77	79%	$2,931	$2,624	6.8x	6.0x	5.3x	16.3x	13.5x	11.9x	8.1%	8.2%	8.2%
ジョンソン・コントロールズ	JCI	$32.45	90%	$22,101	$24,957	8.3x	6.7x	5.8x	12.4x	10.2x	8.4x	1.0%	5.0%	7.0%
ビステオン	VC	$57.43	76%	$2,985	$3,487	5.2x	4.6x	4.2x	15.5x	12.0x	10.5x	-	5.5%	7.5%
デルファイ	**DLPH**	**$22.00**	**NA**	**$7,221**	**$8,501**	**4.2x**	**3.9x**	**3.5x**	**6.7x**	**6.0x**	**5.0x**	**10.1%**	**12.5%**	**14.8%**
平均						**7.7x**	**6.7x**	**5.9x**	**15.2x**	**12.8x**	**11.1x**	**4.7%**	**6.3%**	**7.5%**
系列部品メーカー														
アメリカン・アクスル	AXL	$8.70	54%	$656	$1,592	4.3x	4.0x	3.6x	4.3x	4.2x	3.6x	3.2%	8.6%	13.1%
ダーナ	DAN	$13.33	70%	$2,863	$3,721	5.1x	4.5x	4.0x	8.5x	7.6x	6.0x	6.0%	9.7%	11.9%
リア	LEA	$41.81	75%	$4,480	$3,616	3.5x	3.2x	3.0x	7.8x	7.4x	6.9x	9.9%	10.9%	11.4%
マグナ	MGA	$34.06	55%	$8,260	$7,127	3.7x	3.5x	3.1x	8.7x	7.7x	6.5x	5.8%	8.6%	10.5%
テネコ	TEN	$29.15	63%	$1,800	$2,988	5.1x	4.3x	3.8x	10.9x	8.4x	7.0x	4.2%	9.7%	11.3%
TRW	TRW	$34.18	55%	$4,570	$5,407	3.2x	3.1x	2.9x	4.9x	4.9x	4.8x	12.0%	12.8%	14.6%
デルファイ	**DLPH**	**$22.00**	**NA**	**$7,221**	**$8,501**	**4.2x**	**3.9x**	**3.5x**	**6.7x**	**6.0x**	**5.0x**	**10.1%**	**12.5%**	**14.8%**
平均						**4.1x**	**3.7x**	**3.4x**	**7.5x**	**6.7x**	**5.8x**	**6.9%**	**10.1%**	**12.1%**

たいていの場合、バリュエーションのズレには正当な理由がある。とりわけ、これはいわゆるバリュートラップに当てはまる。それらは、将来利益が減少する恐れがあるファンダメンタルズや構造的な問題を抱えている。それゆえ、今日の一五倍というマルチプルは、将来のより低い利益に基づけば実際には二五倍であるかもしれない。われわれの親友の言葉を借りれば、「安く思えるものすべてはゼロに向かっているからだ」ということだ。

しかし、金脈を発見する場合もある。バリュエーションの割り引きが目に飛び込んでくるのだ。例えば、企業の成長率は上位四分の一にあるのに、バリュエーションのマルチプルは競合他社に劣後している、といった具合だ。しかしたいていの場合、より繊細な分析が必要である。さもなければ、市場がとうの昔に裁定取引を駆逐していたことであろう。

では、デルファイを見ていこう。**図表4－2**にあるように、同社のEPS（一株当たり利益）の年平均成長率（CAGR）は、同業内でトップにあるボルグワーナーを多少下回るが、系列部品メーカーの類似企業を悠々と上回り、おおよそ長期的成長株と一致している。一二・七％というEBITDAマージンも、系列部品メーカーの九・五％を上回り、長期的成長株のそれに迫っている。さらに、二〇・五％というデルファイのROIC（投下資本利益率）は二つのカテゴリーの平均を大幅に上回っている。

だが、**図表4－3**で示すとおり、デルファイはＥＶ／ＥＢＩＴＤＡ、ＰＥＲ，ＦＣＦイールドとすべてのバリュエーション指標で長期的成長株に属する競合他社よりも大きく割り引かれていた。二〇一三年予想のＥＶ／ＥＢＩＴＤＡが三・五倍、ＰＥＲが五倍というのはむしろ系列部品メーカーの水準にあり、それぞれ平均すると六倍と一一倍となった長期的成長株よりも低いバリュエーションであることが分かる。

デルファイがイギリスに登記したことで得られる低い税率を維持できるかどうかを巡る疑念がＰＥＲのディスカウントにつながったようである。言い換えれば、投資家は将来の節税効果を割り引いていたのであり、それゆえＥＰＳの予想値を引き下げていたのだ。また、それはデルファイの一五％という二〇一三年予想のＦＣＦイールドにも表れていた。これは、二つのグループの平均よりも目立って割安なのである。経営陣がＩＰＯ（新規株式公開）のロードショーで節税効果の持続可能性を懸命に説明し、決算発表でもそれを確認していたにもかかわらず、このような結果となったのだ。

要するに、デルファイは長期的成長株と同じような財務状況にありながら、系列部品メーカーのように評価されていたのだ。市場は、新デルファイの将来の業績を明らかに疑っていたのである。だが、われわれは第３章のステップ３で新しいビジネスモデルが有効であることを確信した。時がたち、業績が維持されれば、破綻の汚点は消え去り、デルファイはより高く再評価されると確信していたのである。

b．ディスカウントキャッシュフロー

企業の価値は将来のキャッシュフローの現在価値に等しいというのが、ＤＣＦの大前提である。これは、事業が生み出すキャッシュフローに基づいた本源的価値として知られている。

この意味で、ＤＣＦは、過度な熱狂期や弱気相場では歪みかねない、類似企業分析のような市場に基づいた方法との照合に有効である。また、直接的な競合他社の存在が限られている（または存在しない）ときに役に立つ。

理論上、ＤＣＦは企業を評価する最も正確な方法である。だが、現実問題として、その妥当性や信頼性を制限する重要な留意事項がある。最も注目すべきは、本質的に不確実である将来のＦＣＦ予測に関する仮定に大いに依存することである。その不確実性は予想期間を進むにつれ高まることになる。割引率とターミナルバリューに関するさらなる仮定が状況を分かりづらくする。結果として、ＤＣＦによるバリュエーションは一定のゆらぎの

範囲をもって見られることになるが、この範囲は重要なデータ、とりわけ割引率とエグジットマルチプルに左右される。

図表4－4にデルファイのDCFの結果を示している。

FCF予測　通常、DCFは五年間の予測に基づくが、これは企業が景気循環を潜り抜け、理論上安定した状態に達するのに十分な期間である（予測期間は企業が属する業界、発展の段階、また財務パフォーマンスの予測可能性に基づいてもっと長くなることもある）。予測は売上高やEBITDAから始まり、レバレッジを利用していないFCFや金利費用を控除する前のFCFに至る。これらは経営者によるガイドライン（発表されていれば）、株式リサーチ、そしてサードパーティーの情報源から引き出されるものである。最終的には、自ら行う企業や業界独自のデューデリジェンスと判断に頼る必要がある。ステップ3で構築したデルファイの予測がわれわれが行うDCFの基礎となっている。

ターミナルバリュー　企業の財務状況を永遠に予測することの難しさを勘案して、五年の予想期間の先にあるキャッシュフローをとらえるためにターミナルバリューが用いられる。

図表4－4　デルファイのDCF分析結果（単位＝100万ドル。1株当たりデータ除く。期末日12月31日）

DCF分析

	2011年予測	1年目 2012年予測	2年目 2013年予測	3年目 2014年予測	4年目 2015年予測	5年目 2016年予測
EBITDA	**$2,044**	**$2,157**	**$2,433**	**$2,731**	**$2,948**	**$3,172**
マイナス　減価償却費	(478)	(490)	(532)	(575)	(610)	(645)
EBIT	**$1,567**	$1,667	$1,901	$2,155	$2,338	$2,526
マイナス　税金	(317)	(338)	(385)	(436)	(473)	(512)
プラス　減価償却費	478	490	532	575	610	645
マイナス　資本支出	(629)	(747)	(811)	(878)	(931)	(985)
マイナス　正味営業資産の増減額	(138)	(26)	(61)	(65)	(50)	(50)
アンレバレッジFCF	**$959**	$1,047	$1,175	$1,352	$1,494	$1,625
割引期間（半年法）		0.5	1.5	2.5	3.5	4.5
割り引きファクター @ 10% WACC		0.95	0.87	0.79	0.72	0.65
FCFの現在価値		$998	$1,019	$1,065	$1,070	$1,058

エンタープライズバリュー		
現在価値の累計	**$5,210**	A
ターミナルバリュー		
最終年のEBITDA	$3,172	
エグジットマルチプル	5.0x	
ターミナルバリュー	$15,860	
割引率	0.62	
ターミナルバリューの現在価値	**$9,848**	B
エンタープライズバリューに対する％	65%	
エンタープライズバリュー（A＋B）	**$15,058**	C

推定株主価値と株価	
エンタープライズバリュー	$15,058
マイナス　負債合計	(2,173)
マイナス　優先株	-
マイナス　非支配持ち分	(462)
プラス　現金および現金同等物	1,355
推定株主価値	**$13,778**
希薄化後株式数	328
予想株価	**$41.97**

図表4−5　エグジットマルチプル法

EBITDA$_n$×エグジットマルチプル

n＝予想期間の最終年度

通常、ターミナルバリューは予測の最終年度（最終年度とは予測期間の最終年のこと）のEBITDAのマルチプルを基準に算定される。これはエグジットマルチプル法（EMM。代替的な方法として永久成長率法がある。これは、企業の最終年度のFCFが持続可能な比率で永遠に増大するとしてターミナルバリューを算出する方法である）としても知られている。たいていの業界では、類似企業のEV／EBITDAを用いることが標準的な方法となっている（**図表4−5**）。デルファイについて、われわれはエグジットマルチプルを五倍と仮定したが、これは長期的成長株と系列部品メーカーの加重平均を保守的に見積もるため後者の加重を大きくして算出した数値である。

WACC　WACC（加重平均資本コスト）は企業のFCF予測とターミナルバリューを割り引き、現在価値を求めるために用いられる利率である。これは企業で求められる負債と自己資本の資本利益

図表4－6　WACCの計算

負債		自己資本
税引き後の借入コスト x 資本構造に負債が占める%	+	自己資本のコスト x 資本構造に自己資本が占める%

率の「加重平均」である。WACCは一般に割引率または資本コストと呼ばれる。**図表4－6**にあるように、WACCの計算にはいくつか基準となる仮定が必要になる。

負債と自己資本の割合は企業の資本構造に関する長期的な仮説に基づくことになる。典型的な割合は負債を三〇%、自己資本を七〇%とするものである。具体的な企業のガイダンスがなければ、過去の資本構造や競合他社のそれに目を向ければよい。

借入コストとは通常、企業の債券の利回りから求められる。金利環境に依存するが、投資格付けの高い企業の利回りは一桁台前半であり、高利回り債ではクーポンが数百ベーシスポイント高くなる。さらに投機的な債券では利回りが一〇%を超えることもある。

自己資本のコストは測定がさらに難しい。プロたちはCAPM（資本資産価格モデル。CAPM＝リスクフリーレート＋ベータ×市場のリスクプレミアム。リスクフリーレートとは「リスクのない」有価証券の期待利回りで、通常は一〇年物のTノートが用いられる。

ベータとは企業の株式のリターンと株式市場のそれとの共分散である。ベータが高い銘柄はボラティリティがより高くなる。市場のリスクプレミアムとは、株式投資家が期待するリターンのうちリスクフリーレートを上回る分であり、通常五～八％の範囲にある）を用いるが、これは企業の自己資本の期待リターンをとらえようとするものである。S&P五〇〇はその設定以来、配当を含め平均でおよそ一一％のリターンを上げている。負債の場合と同じように、自己資本コストはリスクの高い企業ほど高くなり、より安定した企業ほど安くなる。

リーマンショック後の低金利環境下、ほとんどの企業でWACCは七～一二％の範囲にあるのが普通であった。投資適格の大企業はその下限またはそれ以下であった。より投機的な企業はその上限またはそれ以上となった。

二〇一一年のデルファイについて、われわれはWACCを一〇％と算出した。これは、ベンチマークとなる債券利回りに基づき借り入れコストを六％（税引き後で四・八％）とし、自己資本コストを一二・五％として算出した。また、長期的な負債総資本比率を三〇％と仮定し、その結果自己資本は七〇％とした。

PV　PV（現在価値）の算出は、お金の時間価値、つまり今日の一ドルは明日の一ドルよりも価値があるという考えが軸となる。一ドルは時間の経過とともに投資や金利の獲得を通じてリターンを生み出すというのがその理由だ。

DCFでは、それぞれの割引係数を掛け合わせた年間のFCFとターミナルバリューを合算することでPVを算出する。割引係数とは、一定の割引率を前提に、将来時点で受け取る一ドルの現在価値を表す小数値である。WACCが一〇％であれば、一年目の期末時点で受け取る一ドルの割引係数は〇・九一（1÷（1＋10％）^1）となる。それゆえ、一年目に生み出されるFCF一億ドルの現在価値は九一〇〇万ドルとなるわけだ。

実際のPVの算出では、FCFは年度末ではなく一年間を通じて生み出されるという現実を反映して調整がなされる。これは年央調整と呼ばれている。年央調整と一〇％のWACCを用いると、一年目の割引係数は〇・九五（1÷（1＋10％）^0.5）となる。**図表4－4**にあるように、われわれはデルファイのDCFでは年央調整を用いた。だが、ターミナルバリューについては、総額を予想期間の末時点で一括で受け取ると前提して、期末ディスカウントアプローチを用いた。そのため、五年目のFCFに対する割引係数が〇・六五であるのに対し、〇・六二になっていることに注意してほしい。

まとめ

エンタープライズバリュー　企業の五年間にわたる予想FCFとターミナルバリューを現在価値に割り引く。これらの数値の合計がエンタープライズバリューである。デルファイでは、五年間の予想FCFのPVが合計で五二億ドルとなった（**図表4－4**「A」）。最終年のEBITDA三二億ドルにエグジットマルチプルの五倍をかけるとターミナルバリューは一五九億ドルとなる。そして、この値を一〇％のWACCで割り引くと九八億ドルの現在価値が算出される（「B」参照）。将来のFCFとターミナルバリューのPVを足し合わせると、一五一億ドルのエンタープライズバリューとなる（「C」参照）。

株主価値　株主価値は、エンタープライズバリューが分かれば簡単に算出できる。純負債、優先株、そして非支配持ち分を差し引きさえすればよいのだ。デルファイでは、八億一八〇〇万ドルの純負債、四億六二〇〇万ドルの非支配持ち分を一五一億ドルのエンタープライズバリューから差し引くと、一三八億ドルが推定株主価値となる。

株価　次は株価であるが、これは推定株主価値を希薄化後株式数で割ることで算出される。

図表4－7　DCFの感応度分析

	予想株価				
	エグジットマルチプル				
WACC	4.0x	4.5x	5.0x	5.5x	6.0x
9.0%	$37	$41	$44	$47	$50
9.5%	$37	$40	$43	$46	$49
10.0%	$36	$39	**$42**	$45	$48
10.5%	$35	$38	$41	$44	$47
11.0%	$35	$37	$40	$43	$46

デルファイでは、一三八億ドルの株主価値を希薄化後株式数である三億二八〇〇万株で割ると、およそ四二ドルの株価が算出される。これは二二ドルというＩＰＯ価格に対して九〇%以上上昇することを示している。

感応度分析　先に議論したようにいくつもの仮定があることを考えれば、ＤＣＦによるバリュエーションはユニークな数値ではなく、一定の幅をもってとらえることになる。この幅は、ＷＡＣＣやエグジットマルチプルといった主要なデータに微妙に左右される。財務パフォーマンスも影響を受けるが、特に注目すべきは売上高の成長率と利益率である。この、いわゆる感応度分析こそがバリュエーションは「科学でありアート」であるといわれる証しである。

図表4－7にあるとおり、エグジットマルチプルの〇・五の変化は一株当たり三ドルに相当する。同様に、ＷＡＣ

Cが〇・五％変化すると、予想株価はおよそ〇・七五ドル影響を受ける。

c．サム・オブ・ザ・パーツ

単一業種のカテゴリーに入る企業もある。彼らのビジネスモデルは集中特化したもので、比較的色分けが容易である。ホーム・デポ（ＨＤ）やマクドナルド（ＭＣＤ）が想起されよう。この対極にあるのがコングロマリットで、おおよそ無関係の事業が一社の企業の傘の下に入っているのだ。

多くの会社がこの二極の間にある。それらは似たような投入資源や原材料や顧客やエンドマーケットを持ちながらも、成長性や利益率の特性が異なる複数の事業部門からなっている。このような企業では、各部門を別々に評価するＳＯＴＰを行うのが有益であることが多い。

ＳＯＴＰによって、企業全体と各パーツの合計の間にバリュエーションアービトラージがあるかどうかを判断することができる。パーツの合計が、それが統合された企業の時価よりも大きな価値を持つことがある場合もある。これは、市場が特定の部門に内在する価値を誤解していると考えれば、買いの機会を示しているかもしれない。これら部門の一つ、またはそれ以上のスピンオフや事業売却はその価値を開放するカタリストともなるのだ。

標準的なSOTPでは類似企業分析の手法を用いてバリュエーションを行う。各部門に最もふさわしい競合他社を見つけ、そのマルチプルを適宜適用するのだ。これはスピンオフが予想されている部門を評価するうえでは自然な方法である。その後、各部門の価値を合計し、企業全体の予想バリュエーションを算出する。

SOTPでは「ミックス・アンド・マッチ（mix-and-match）」の方法が用いられることがある。例えば、一つかそれ以上の部門が売却されると考えているとしよう。この場合、それらの部門を評価するために、過去の取引またはLBO（レバレッジドバイアウト）。対象企業の資産を担保とした借入金による買収）の分析を用いることができる。

SOTPはIPO時のデルファイには特に関係はなかったが、ロックウッド・ホールディングス（ROC）に適用した。二〇一一年、ロックウッドは四つの異なる事業部門からなる世界的な機能性化学企業の大手であった。**図表4－8**で示すとおり、二〇一一年末時点でのロックウッドのSOTPでは予想株価が六〇ドルとなった。これは、当時の時価三九・三七ドルから五〇％以上も上にあることになる。

その後二年間、ロックウッドはアドバンスト・セラミックスと二酸化チタンの事業、さ

図表4－8　ロックウッドのサム・オブ・ザ・パーツ分析

ロックウッド・ホールディングス（ROC）
サム・オブ・ザ・パーツ（SOTP）

（単位＝100 万ドル。１株当たりのデータ除く）

	2012年予想 EBITDA	EV/EBITDA ターゲット マルチプル	予想エンタープライズバリュー	計%
部門				
機能性化学	$350	8.5x	$2,975	44%
機能性添加剤	165	8.0x	1,320	19%
二酸化チタン	175	5.0x	875	13%
アドバンスト・セラミックス	185	9.0x	1,665	24%
部門別EBITDAの合計	**$875**	**7.8x**	**$6,835**	**100%**
マイナス　本社部門	(45)	7.8x	(352)	
全体のEBITDA	**$830**	**7.8x**	**$6,483**	
マイナス　負債			(1,729)	
マイナス　非支配持ち分			(311)	
プラス　現金			358	
推定株主価値			**$4,801**	
希薄化後株式数			80	
予想株価			**$60.00**	
2011年12月30日時点の株価			$39.37	
アップサイド%			52%	

らには機能性添加剤部門の一部の売却を進めた。その後、二〇一四年七月、ロックウッドの残りの事業はアルベマール（ＡＬＢ）に一株およそ八〇ドルで売却されたのだ。そんなこんなで、ロックウッドの株主は二〇一一年一二月以降で投資額を倍増させた。ＳＯＴＰが市場が認識していなかった内在する価値を指し示していたことは明らかである。

d．純資産価値

ＮＡＶ分析は、伝統的に別個の金融資産または実物資産を複数有する事業に用いられる。不動産投資信託（ＲＥＩＴｓ）、石油・ガスの開発・生産（Ｅ＆Ｐ）会社、そして金融持ち株会社などが一般的な例である。

ＮＡＶとは、企業が保有する資産の時価から負債を差し引いて表現される。多数の事業に出資している持ち株会社では、親会社の株価と保有する株式の時価との間にズレがあるかもしれない。

いくつかの上場企業や未公開企業の株式を保有しているリバティ・メディア（旧称ＬＭＣＡ）が古典的な例である。**図表４－９**にあるように、二〇一二年一二月時点で、リバティ・メディアの株価は一株当たり一〇五・五六ドルと、保有する株式の時価を合計したも

図表4－9　リバティ・メディアの純資産

リバティ・メディア（LMCA）
純資産（NAV）

（単位＝100 万ドル。1株当たりのデータ除く）　　2012年12月4日時点

	ティッカー	保有割合%	保有株数	株価	評価額	1株当たりNAV	NAVに対する割合%
連結資産							
スターツ・エンターテイメント		100%			$2,150	$17.24	15%
アトランタ・ブレーブス（MLB）		100%			550	4.41	4%
トゥルー・ポジション		100%			200	1.60	1%
その他					350	2.81	2%
合計					**$3,250**	**$26.06**	**22%**
上場有価証券							
シリウスXM	SIRI	50%	3,248.7	$2.76	$8,966	$71.90	61%
ライブ・ネーション	LYV	26%	48.7	8.77	427	3.43	3%
タイム・ワーナー	TWX	1%	9.4	44.77	421	3.37	3%
タイム・ワーナー・ケーブル	TWC	1%	2.4	94.97	228	1.83	2%
バイアコム	VIAB	1%	5.0	51.30	256	2.06	2%
その他					476	3.82	3%
合計					**$10,775**	**$86.40**	**73%**
資本構造							
負債					($540)	($4.33)	(4%)
現金および現金同等物					1,025	8.22	7%
その他					300	2.41	2%
合計					**$785**	**$6.30**	**5%**
純資産価値					**$14,810**		**100%**
希薄化後株式数					125		
1株当たりNAV					**$118.76**		
現在の株価					$105.56		
NAVに対するプレミアム（ディスカウント）					(11.1%)		

のから一一％も割り引かれていた。企業の複雑さ、未実現の課税所得、株式の流動性の乏しさ、そして皮肉なことにＮＡＶに対するディスカウントがどうすれば解消されるかが不明であったことがその主な要因であった。最終的にスターツ・エンターテイメント、アトランタ・ブレーブス、シリウスＸＭといった中核となる資産のスピンオフによってリバティの株主には大きな価値がもたらされた。継続保有していた者たちは二〇一九年を通じて年利一五％もの報いを得たのである。

また、一連の資産の時価と公表されている簿価との間にズレがある場合もある。これは会計上の目的から資産の耐用年数を実際よりも早く償却していること、または配当や自社株買いの正味の影響によることが多い。

ディストレスとなっている企業や破産状態にある企業に用いられることが多い清算価値分析はＮＡＶ分析の一種である。これは、清算か競売された場合の企業が持つ資産の売却価格を求めようとするものである。清算価値が企業の負債の合計よりも大きければ、残余価値は株式保有者の手に入る。競売のダイナミズムを考慮して、清算分析では資産の時価に対して大幅な割り引きを適用する。

二．バイアウトバリュエーション

投資家は、バイアウトやM&Aの文脈からバリュエーションを検討する。彼らは、戦略的買い手がその企業に支払う可能性があるのはいくらかを、多くの場合特定の買収者を想定して評価する。彼らはまた、プライベートエクイティの買い手がその事業に支払えるのはいくらかを調査する。バイアウトバリュエーションは、M&Aが投資テーマの一部となっている、インプレーの企業やセクターに特に関係する。

主要なバイアウトバリュエーションの手法として、前例分析（「前例」）とLBO分析がある。前例分析では、過去の取引で類似企業に実際に適用されたマルチプルからバリュエーションを算出する。LBO分析はプライベートエクイティがある企業に対し支払い、要求する利益率を満たす価格を調査する。買収者が公開している場合は、取引がEPSに与えるプロフォーマの影響をはかることになるので、EPS希薄化分析も重要となる。

理論的には、デルファイのIPO後の控えめなバリュエーションと低いレバレッジを考えると買収は十分にそろばんの合うものであった。だが、実際には同社の所有者たちは、株価の上昇を考えて、売却を急いではいなかった。さらに、潜在的な買収者たちもリーマンショックの直後では積極的なM&Aを仕掛ける可能性は低かった。それよりも、デルファイの事業ポートフォリオの改善につながるようなM&Aのシナリオのほうがあり得たのである。非中核事業の売却またはよりクオリティーの高い部門を増強するための買収などがこれに当たる。

a．前例分析

類似企業分析と同じように、前例分析ではマルチプルを基準とするバリュエーション方法が用いられる。しかし、利用されるマルチプルは過去のM&A取引で似たような企業につけられた価格のそれである。類似企業分析の場合と同じように、これは比較とベンチマーキングを容易にする形式で示される。

比較対象とする適切な買収案件を見つけることが前例分析の第一歩となる。類似企業分析と同じように、分析対象とする企業に基本的なレベルで類似する企業群が最も適切な比較対象の買収案件となる。一般論として、直近の取引――過去三年ほどの間に発生した取引――が最もふさわしい。

図表4－10には、二〇〇九～二〇一一年の間に公表された自動車部品メーカーのM&A

図表4－10　前例分析の結果（単位＝100万ドル）

前例分析							
公表日	買収者・ターゲット企業	取引類型	購入対価	エンタープライズバリュー	EV/EBITDA 実現値	EV/EBITDA w/ シナジー	EBITDA マージン
2011/07/28	GKN plc/ ゲトラル・アクセル・ビジネス	公開買い付け / 非公開企業	現金	$482	5.6x	-	13%
2011/07/28	スターリング・グループ / スタックポール Ltd	LBO/ 非公開企業	現金	$285	5.7x	-	17%
2011/04/08	ザ・ゴアーズ・グループ / セージ・オート・インテリア	LBO/ 非公開企業	現金	$140	5.0x	-	12%
2010/12/17	ボルグワーナー / ハルデックス・トラクション・システムズ	公開買い付け / 非公開企業	現金	$205	8.3x	-	15%
2010/10/15	カーライル・カンパニーズ / ホーク・コーポレーション	公開買い付け / 上場企業	現金	$410	7.3x	6.2x	20%
2009/12/16	メタルサ・SA・de・CV/ ダーナ・ストラクチュアル・プロダクツ	公開買い付け / 上場企業の子会社	現金	$147	6.8x	-	6%
2009/11/02	フォルシア /EMCON テクノロジーズ	公開買い付け / 非公開企業	株式	$408	7.0x	5.8x	2%
平均値					**6.5x**	**6.0x**	**12%**
中央値					**6.8x**	6.0x	**13%**

取引が示されている。世界的な景気後退とM&A活動の静まりを考えれば、十分な規模のある取引はほとんどなく、上場企業の取引はたった一件であった。公表された価格に基づくEBITDAマルチプルの平均は六・五倍であり、実際に支払われた価格を調整したあとで六倍であった。シナジー効果とは合併の結果として得られる財務・戦略的効果のことであり、通常は費用削減や収益増大の機会といったものである。リーマンショックに足をとられていた時期であることを考えれば、これらのマルチプルは過去の前例分析に比べて幾分低いものであった。

通常の市場環境では、前例分析のマルチプルは二つの大きな理由から類似企業分析のそれよりも高くなる傾向にある。第一に、買い手は別の企業を購入する際に概して「コントロールプレミアム」を支払う。このプレミアムは通常三〇〜四〇%の範囲にあるが、それよりも大幅に大きくなることもある。その見返りに、買収者はターゲット企業の事業、そして将来のキャッシュフローに対する支配権を手にするのだ。第二に、戦略的買い手はより高い買収価格を裏付けるシナジーを実現することが多いのだ。

最も適切な比較対象の買収案件を見つけたら、具体的な環境とそれぞれの取引の内容に取り掛かろう。それによって、支払われたマルチプルと、自分が対象としている銘柄との

図表4－11　シナジー効果調整後のEV/EBITDAの計算方法

EV/EBITDA ＝ エンタープライズバリュー ／ EBITDA

シナジー効果調整後EV/EBITDA ＝ エンタープライズバリュー ／ (EBITDA ＋ シナジー効果)

関連についてより正確な解釈が可能となる。一つの取引のマルチプルに影響を及ぼす要因はたくさんある。取引が行われたときのマクロ環境や資本市場の状況や売却の過程で生まれるダイナミズム、シナジー効果、買い手が戦略的買収者かプライベートエクイティかといった具合である。

友好的買収や敵対的な状況も含め、買い手と売り手の動機、そして購入手段（つまり、ターゲット企業の株主に支払われる現金と株式との割合）も関係する。通常、全額現金による取引では株式による取引よりも高いプレミアムが支払われる。前もって現金を受け取ることで、売り手側の株主は合併会社の将来の上昇に参加する機会を失うことに対する補償を受けているわけだ。

主たる取引マルチプル

現在の株価ではなく一株当たりの買収価格に基づいたエンタープライズバリューと合わせ、ＥＶ／ＥＢＩＴＤＡマルチプルが前例分析の根幹となる。上述のとおり、通常、買収価格はそのときの株価に対して大きなプレミアムが乗っている。銀行などの特定の業界では、ＰＥＲやＰＢＲ（株価純資産倍率）のマルチプルがより重要となることもある。

投資家は、期待されるシナジー効果に基づいて調整した取引マルチプルに目を向けることが多い。この方法は、ターゲット企業単独のＥＢＩＴＤＡにシナジー効果を付加するのであるが、これによって推定マルチプルが低下し、買い手の考え方を浮き彫りにすることができる（**図表４－11**）。

b．ＬＢＯ分析

ＬＢＯとは、買収金額を賄うために多額の借り入れを用いて企業を買収することで、通常は六〇～七〇％を借り入れに頼ることになる。残りの部分は、プライベートエクイティの自己資金で賄われる。

ＬＢＯ分析はプライベートエクイティ投資家が潜在的なターゲット企業のバリュエーシ

ョンを評価するために用いる。株式市場の投資家は、プライベートエクイティ投資家が一つの上場企業がターゲット（言い換えれば、「非公開化」候補）となるかどうかを判断するためにどのようにバリュエーションを行っているかを理解する必要がある。多くの場合、予想買収価格が銘柄のバリュエーションのフロアとなる。これはまた、アンダーパフォームしている企業に付随する買収リスクを考えれば、空売りのポジションを評価するうえでも有効である。

実際には、上場公開している企業のほとんどが非公開化候補とはならない。規模、価格、事業概要、高いレバレッジを支える力、実行可能性などのあらゆる組み合わせが障害となる。実際にデルファイがＬＢＯの対象となる可能性についてはさまざまな思惑があった。低迷するバリュエーションは買収を検討する企業にとっては魅力的であったが、その規模、紆余曲折した過去、シクリカリティが障害であった。さらに、二〇一一年の市場はいまだリーマンショック後の世界に対応している過程にあったのだ。それゆえ、破綻したばかりの自動車部品メーカーへのテコ入れはプライベートエクイティ投資家や資金提供者たちの念頭にはなかったのだ。

ＤＣＦと同じように、ＬＢＯ分析は五年間の予測モデルを基礎とする。しかし、取得価格、財務構造、借り入れ条件、エグジットマルチプルの想定などによって、複雑さが増すことになる。

通常、ＬＢＯのレバレッジは、信用状況、セクター、規模、市場状況に応じて有利子負債ＥＢＩＴＤＡ倍率で四・五～六・五倍の範囲にある。資本構造や借り入れコストもこれらの要素に依存することになる。例えば、投機性の高いシクリカルな事業では、利用料で運営されるより安定した事業よりもレバレッジは低くなり、借り入れコストは高くなる。借り入れの部分は最低限の自己資本の拠出によって裏付けられており、通常は購入価格の少なくとも二五％ほどになる。

ＬＢＯ分析のエグジットマルチプルは景気循環の半ばにある、もしくは標準化された類似企業の値を基礎とする（保守的に見積もるために、一般にエグジットマルチプルはエントリーマルチプルと同じか、それ以下と仮定される）。基礎となるＬＢＯの仮定が決まったら、プライベートエクイティのリターンを満足させる取得価格を算定することができる。通常、プライベートエクイティファンドは年率リターンで一〇％台半ばからそれ以上、または五年以内の手仕舞いで二倍のキャッシュ・オン・キャッシュ（「ＣｏＣ」）を目標としている。手仕舞いは、売却やＩＰＯを通じて行われる。

LBOではどのようにリターンが生み出されるか

LBOでは、借り入れの返済とエンタープライズバリューの増大との組み合わせからリターンを生み出す。前者については、EV／EBITDAマルチプルを一定と仮定すると、借り入れが一ドル減少すると、株主価値が一ドル増大する。後者については、EBITDAの増大かマルチプルの拡大に応じてエンタープライズバリューが増大する。**図表4－12**には、これがどのように機能するかを、IRRとCoCの計算も含めて説明している。仮定は次のとおりである。

①プライベートエクイティファンドは企業を一〇億ドルで買収する、これは一億ドルのEBITDAの一〇倍である。

②買収資金の六五％が借り入れ（六億五〇〇〇万ドル）、三五％（三億五〇〇〇万ドル）が自己資本であり、レバレッジは六・五倍となる。

③企業は五年間にわたり年五〇〇〇万ドル（計二億五〇〇〇万ドル）のFCFを生み出し、それを借り入れの返済に充てる。

④企業は五年目の末に一五億ドルで売却される（五年目のEBITDA一億五〇〇〇万ド

図表4－12　LBOではどのようにリターンが生み出されるか（単位＝100万ドル）

	0年目	1年目	2年目	3年目	4年目	5年目
当初の出資と手仕舞い時の株主価値の計算						
出資	($350)					
負債合計　期首残高		$650	$600	$550	$500	$450
フリーキャッシュフロー		(50)	(50)	(50)	(50)	(50)
負債合計　期末残高	**$650**	**$600**	**$550**	**$500**	**$450**	**$400**
売却価格						$1,500
マイナス　負債の最終残高						(400)
手仕舞い時の株主価値						**$1,100**
IRRのスケジュールと計算						
当初の自己資本投資額	($350)					
配当/（投資）	-	-	-	-	-	-
手仕舞い時の株主価値	-	-	-	-	-	$1,100
現金流入（流出）額合計	**($350)**	**-**	**-**	**-**	**-**	**$1,100**
内部収益率（IRR）						**25.7%**
キャッシュ・オン・キャッシュ・リターン（CoC）						**3.1x**

＝負債の期首残高$_{1年目}$－FCF$_{1年目}$
＝６億5000万ドル－5000万ドル

=IRR（当初の自己資本投資額：手仕舞い時の株主価値）
=IRR（－３億5000万ドル：11億ドル）

＝現金流入額÷現金流出額
＝11億ドル÷３億5000万ドル

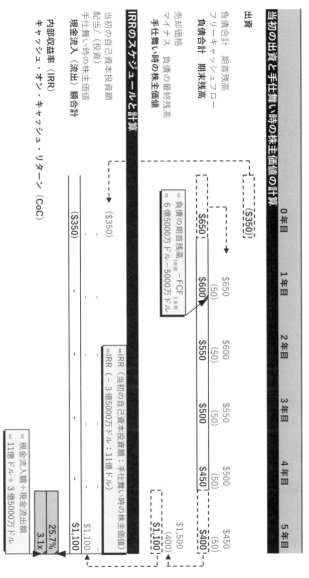

ルに一〇倍のエグジットマルチプルをかけたと仮定している）。

五年が経過すると、毎年五〇〇〇万ドルのＦＣＦが借り入れの返済に充てられてきたので、当初六億五〇〇〇万ドルであった借り入れは四億ドルまで減少した。売却価額が一五億ドル、借入残高が四億ドルとすると、プライベートエクイティファンドは手仕舞い時に一一億ドルの現金を受け取ることになる。当初の出資額が三億五〇〇〇万ドルであるから、ＩＲＲは二五・七％（マイクロソフトのエクセルにあるＩＲＲ関数を利用する）、ＣｏＣリターンは三・一倍となる。

ｃ．ＥＰＳの希薄化分析

ＥＰＳの希薄化分析は、Ｍ＆Ａに関連する投資機会を検討するうえで重要である。これは、所与の資本構造を用いて取引が買収者のＥＰＳに与えるプロフォーマ（ＰＦ）の影響を測るものである。ＰＦＥＰＳが買収者の取引前のＥＰＳよりも大きければ、その取引は「アクリーティブ」であると言われる。反対に、ＰＦＥＰＳが低くなれば、その取引は「ダイリューティブ」である。

確かに、ターゲット企業の対価として支払われる価格は、マルチプル同様に重要ではある。しかし、投資家の第一の疑問は、その取引がアクリーティブかどうか、どのくらいアクリーティブかというものである。

ダイリューティブな取引はＥＰＳまたはＦＣＦ／Ｓを減少させるので、株主価値（マルチプルを一定と仮定する）を損なうことになる。結果として、買収者はダイリューティブな取引を避けることになる。

では、計算はどのようになるのだろうか。経験則に基づくと、一〇〇％株式での取引では、買収者が低いＰＥＲでターゲット企業を買収すれば、その取引はアクリーティブである。これはあくまで直感的な話である。企業がターゲット企業の利益に対して自社の利益に対するマルチプルよりも低いマルチプルを支払う場合、計算上、それはアクリーティブとなる。

反対に、買収者が高いＰＥＲで取得する、すべて株式での取引は事実上ダイリューティブである。しかし、シナジー効果が大きければ、この慣例を相殺するかもしれない。さらに、多額の借り入れによって資金が賄われる取引では、ターゲット企業の純利益の貢献度が付随する金利費用の増分を上回ることが多く、その結果、ＥＰＳは増大する。投資家は、

図表4－13　EPSの希薄化分析

（単位＝100万ドル。1株当たりのデータ除く）

EPSの希薄化分析

ターゲット企業に関する仮定

1株当たりの買収価格	$25.00
現在の株価	$18.50
プレミアム%	35%
希薄化後株式数	200
ターゲット企業の株式の取得金額	**$5,000**
ターゲット企業のEBIT	$350
シナジー効果	$50

買収者に関する仮定

買収者の株価	$50.00
買収者の借入コスト	6.0%
買収者の税率	25%

	100% 現金	50% 現金 / 50% 株式	100% 株式
現金	$5,000	$2,500	-
株式	-	$2,500	$5,000
買収者のEBIT	$1,000	$1,000	$1,000
ターゲット企業のEBIT	350	350	350
シナジー効果	50	50	50
PF EBIT	**$1,400**	**$1,400**	**$1,400**
取引前の金利費用	(150)	(150)	(150)
金利費用の増分	(300)	(150)	-
税引き前利益	**$950**	**$1,100**	**$1,250**
法人税@25%	(238)	(275)	(313)
PF純利益	**$713**	**$825**	**$938**
取引前の純利益	**$527**	**$527**	**$527**
取引前の希薄化後株式数	100	100	100
新株発行数	-	50	100
PF希薄化後株式数	**100**	**150**	**200**
PF希薄化後EPS	$7.13	$5.50	$4.69
取引前希薄化後EPS	5.27	5.27	5.27
PF希薄指標$	**$1.86**	**$0.23**	**($0.58)**
PF希薄指標%	**35%**	**4%**	**(11%)**
PFの希薄効果	Accretive	Accretive	Dilutive

規律ある買収価格を付け、最適な資金調達を行い、実現可能な大きなシナジー効果を見いだすことでＥＰＳを最大限増大させることができる買収者を探しているのである。

図表４－13には、一〇〇％現金（借り入れによる資金調達）、五〇％が現金で五〇％が株式、そして一〇〇％株式による買収がＥＰＳを増大させるか減少させるかの計算を図解している。

カタリスト

カタリストとは、収益力の向上やマルチプルの拡大（いわゆる「再評価」）、またはその双方を通じて株主価値を生み出す可能性のあるイベントのことである。抜け目ない投資家はカタリストを予測し、市場が期待どおりの反応を示すことを望んでいる。これは、カタリストが発表される前や株価に反映される前に、あらかじめポジションを取っておくということだ。

ひとたびカタリストが発生したら、一度きりの株価の上昇か、より本源的な再評価または長期的な利益の増大かを区別しなければならない。一度きりの上昇は、持続不可能な短

図表4−14　カタリスト

カタリスト

- 決算
- 投資家向け説明会
- M&A
- スピンオフ・事業売却
- リストラクチャリング・事業再生
- 自社株買い・配当
- 借り換え
- 経営陣の刷新
- アクティビスト投資家
- 新製品・新顧客
- 規制

期的な利益の増大（例えば、競合他社の変調や天候など）が要因かもしれない。そのような上昇は一時的なものである可能性があり、翌月以降には反転することになるかもしれない。本源的な再評価は、ファンダメンタルズの強化、つまり戦略的なM&A、ポートフォリオの再編成、大きな費用削減、株主重視の資本分配、または新商品の大ヒットなどを前提としたものとなろう。

次に、価値を解放することが期待されるイベントという文脈でカタリストについて議論する（**図表4−14**）。これは、公表済のコーポレートイベントに基づいてスクリーニングを行った第1章とは対照的なものである。

デルファイの投資テーマにはいくつもの潜在的なカタリストが含まれていた。すなわち、利益の拡大、資本還元、ポートフォリオの整理、買収、破綻の汚名の払拭である。有望な次世代製品も視野に入っていた。抜け目ない投資家たちは主要株主たちが破綻処理の過程で導入した構造、そして積極的で熟練度の高い取締役会が価値創造のために正しい施策を講じることに自信を得ることができたはずなのだ。実を結んだカタリストもあれば、実現しないものもあり、喜ばしいサプライズとなったものもあった。

決算

決算が発表されると、即座に企業の株価が大きく上下することがある。なぜだろうか。市場は決算をもう少し広い範囲で予想すべきだったのだろうか。基本的に企業それ自体は決算発表の前後でもまったく変わらない場合がほとんどである。では、そのような大きな変動を正当化するものは何であろうか。

答えは簡単である。企業は競争環境のなかで絶えず進化し、成功しようと努力している。

少なくとも彼らは目の前の戦略を実行することを迫られているのだ。決算はその戦略の確認（もしくは否認）である。ある意味で、決算は四半期ごとに出される企業の通信簿なのだ。ただ期待に応えるだけならば投資家はさして反応を示さないであろうが、大きくアウトパフォームすれば報われることになる。応えることができなければ強烈な叱責を受けるであろうし、長期的な構造的問題であるように見えたらなおさらのことである。

あえて言うならば、アウトパフォーマンスはあらゆる投資テーマの中核をなすのである。確実な戦略遂行と安定した利益成長さえあれば、株式が長期にわたり圧倒的な勝者となることができる。高収益企業が伝統的な株式投資家のポートフォリオの骨格をなすことも多い。

銘柄選択を行う者として、四半期の決算を前年同期やアナリスト予想のコンセンサスと比較できるようになる必要がある。第5章のステップ5で、この重要な作業を円滑に行うための分析用テンプレートを示すつもりである。

二〇一二年一月二六日に公表されたデルファイの二〇一一年第4四半期の決算は重要であった。これは同社のＩＰＯ後初の決算発表であり、ガイダンスが出されたのも初めてであった。第4四半期、売上高は三九億ドル（前年比六・八％増）で、ウォール街の予想におおよそ合致するものであった。だが、二〇一一年第４四半期のＥＢＩＴＤＡは五億三〇〇〇万ドル（前年比五五％増）、ＥＰＳは〇・八八ドル（前年比二八七％増）と予想をはるかに上回り、経営陣が確実に戦略を実行し、費用削減も順調であることを示した。

二〇一一年通期では、デルファイの売上高は一六〇億ドル、ＥＢＩＴＤＡは二一億ドル、ＥＰＳは三・四九ドルであった。これらは二〇一〇年をはるかに上回る大きな改善であり、ウォール街の予想も十分に上回るものであった。市場は好感し、その日の株価は四・七％の上昇で引けた。

また企業は決算発表時にガイダンスを提供したり、必要であれば更新したりする。ガイダンスの更新は、それが良いことであろうが悪いことであろうが、既存のガイダンスを確認したり、改訂する、といった形式をとる場合がある。企業が売上高や利益の長期的目標を提供する場合もあるが、その場合向こう五年で売上高は一〇〇億ドル、ＥＢＩＴＤＡマージンは一五％超を目標とするといった具合だ。先読みをする株式市場の特性を考えれば、通常、ガイダンスは実際の決算よりも重要である。新たなガイダンスや改定は重要なカタリストなのだ。比較的小さな変更でさえ、株価を大きく変動させることがある。

ガイダンス以外にも、決算報告は経営陣が大きなコーポレートイベントや新たな事業展開、それ自体がカタリストとなる戦略の変更などを発表する機会となる。このような新しい情報は即座に市場で消化され、最初の評価が下される。つまり、株価が上昇したり、下落したり、ほとんど変わらなかったり、という具合だ。その後、これら新しい構想は時間をかけて投資家に追跡されるとともに、企業にはその実行について責任が課せられることになる。

投資家説明会

企業はときどき投資家説明会を開催し、現在と将来の株主に直接自らの詳細なストーリーを語ることがある。通常、それは数時間にも及ぶ大きな公開イベントで、商品のデモや工場の見学（現場で開催される場合）などが含まれることもある。それは経営幹部たちが主導するが、部門の責任者や事業開発の幹部などが登場することも多い。投資家説明会が終わるまでに、出席者たちは事業の包括的概要と戦略の方向性を示されることになる。投資家説明会が成功すれば、企業のストーリーを作り直し（必要であれば）、株価を上昇させることもできるのだ。

デルファイはＩＰＯからほんの五カ月が経過したばかりの二〇一二年四月に最初の投資家説明会を開催した。同社は将来を見越して、株主向けの年次説明会を開催し、必要に応じて戦略の更新を伝え、資本分配の計画を議論し、買収や新たな活動を発表し、ガイダンスを提供することを決定したのだ。二〇一三年、経営陣は一四％を下回っていたＥＢＩＴＤＡマージンを二〇一六年までに一六％まで引き上げる計画を発表した。また、彼らは長期的な資本配分の計画を発表し、営業キャッシュフローの四五～五五％を自社株買いや買収に、一〇～一五％を配当に、そして三五～四五％をキャペックスに充てるとした。これを好感し、株価はその後二日間で九・四％上昇することになる。

二〇一六年四月に開催されたデルファイの投資家説明会も特筆に値するもので、二〇二〇年までに売上高を増大させ、ＥＢＩＴＤＡマージンを一八・五％に引き上げるという目標を発表した。また、経営陣は同社のポートフォリオの再編戦略を議論し、一五億ドルの自社株買いの追加が承認されたことを発表した。二〇一三年の説明会のときと同様に、デルファイの株式は好感し、その後数日にわたって六・七％上昇したのである。

第1章のステップ1で議論したように、さまざまなM&Aのシナリオが重要なカタリストとなる。イベントドリブンの投資家やアクティビストたちは、M&Aがリターンを増大させることが期待できる銘柄を求めている。そのためにはセクターについて徹底的に調査し、自然な組み合わせ、買収者となる企業、そして買収候補を見いださなければならない。直近で大きなプレミアムが付いた買収が行われたサブセクターに特別の注意を払うべきである。これがカタリストとなり、競合他社の株価が上昇することが多かった。

IPOから六カ月が経過したばかりの二〇一二年五月、デルファイはFCIの自動車部門（MVL）をおよそ九億七五〇〇万ドルで買収すると発表した。これはEBITDAの七倍、シナジー効果調整後ではたった四・五倍に相当する金額である。デルファイのM&Aの成功は、少なからずケビン・クラークCFO（最高財務責任者）のおかげである。クラークは買収に積極的なフィッシャー・サイエンティフィック時代からM&Aについては豊富な経験を有している。この実証済みのスキルこそが、二〇一〇年に取締役会が彼の採用を決定した基本的な要因である。

ＭＶＬは、成長性が高く、利益率も高いコネクター市場におけるデルファイのすでに強い立場を強化するとともに、同社の顧客ベースを分散させ、アジアにおける存在感を高めることになった。財務面では、この取引によって売上高の成長に加速がつき、全体の利益率も向上し、シナジー効果を含めたＥＰＳは五％超の増大となった。

デルファイの株価は取引発表の翌日に二・七％上昇し、さらに翌日には市場が取引の効果を理解したことでさらに五％上昇した。二〇一二年末までには、株価は取引公表以来、およそ三八％上昇したのだ。投資家が好感していることは明らかである。

三年後の二〇一五年七月、デルファイは、ロンドン証券取引所に上場しているケーブルマネジメント製品を提供する英企業のヘラマンタイソン・グループ（ＨＴＹ）を買収した。一八億五〇〇〇万ドルの買収価格は向こう一二カ月のＥＢＩＴＤＡの一二・三倍（シナジー効果調整後で九・一倍）、前日終値に対しておよそ四五％のプレミアムに相当した。この高いマルチプルは取引の戦略的な必要性を反映したものである。ヘラマンタイソンは、デルファイ最大の部門で、すでに強力であった電装部品部門をさらに強化するものであった。株価は当初ほとんど反応しなかったが、市場はやがて態度を変えた。二〇一五年末までに、デルファイの株価は取引公表以降で一一％上昇した。

ヘラマンタイソンの取引とともに、デルファイは二〇一五年に同社の製品ポートフォリオで用いられる技術のアップデートを目的としたさらなる買収・投資をいくつか発表した。デルファイは自動運転に焦点を当てたソフトウェア事業を行うセンサー企業のライダーや燃料効率を主眼とするハイテク企業に出資を行った。デルファイは、自動運転、アクティブセーフティ、インフォテイメント、ユーザーエクスペリエンスの最前線に自らを位置付けたのである。

スピンオフ・事業売却

投資家は、市場が適切な評価をしていないと考える事業や部門を有する企業に焦点を当てることが多い。二つ（またはそれ以上）の別々の事業のＳＯＴＰの価値が全体のそれよりも大きいというのが大前提にある。理論上、分離されることで、市場は親会社にも分離会社や売却される会社にもより明確なバリュエーションをつけることができるはずである。

理想を言えば、スピンオフや事業売却を行う可能性のある企業を早い段階で見いだしたい。それによって、株価が跳ねることが多い案件公表時の上昇に乗ることができるようになる。多くの投資家（アクティビストを含む）はとりわけそのような状況を狙っている。

当初のデルファイに関する投資テーマの一つとして、非中核事業部門の売却を含めたポートフォリオの最適化がカタリストになると考えていた。かくして、同社は二〇一五年二月に、サーマルシステム部門をドイツの自動車部品メーカーであるマーレにＥＢＩＴＤＡの九・五倍に相当する七億二七〇〇万ドルで売却すると発表した。サーマル部門は、デルファイ全体に比べて成長率も利益率も低かった。また、長期的な成長が見込める分野に焦点を当てるという同社の姿勢にも合致しなかった。案件が公表されるまでの数週間に、デルファイ株は九％上昇した。取引は広く予想されていたわけだ。

二年後、デルファイはもう一つ取引を実行したが、今回はさらに革新的であった。二〇一七年五月、同社はパワートレイン部門の非課税でのスピンオフを発表したが、同部門は最終的にデルファイ・テクノロジーズと名前を変え、ＤＬＰＨのティッカーを使い続けることになる。親会社はアプティブ（ＡＰＴＶ、情報［knowledge］、順応性［Adaptiveness］とドライブ［Drive］の意味である）と改名し、高成長、高マルチプルの電装部品、電子部品、セキュリティシステムの部門を保持した。こうして、投資家からすると、アプティブは自動車の電動化、そしてコネクティビティと自立走行の自動車に特化した、テクノロジーを主眼とする企業となったのである。一方、デルファイ・テクノロジーズは新たな経営陣を迎え、資本計画も改め、売上高の成長を再加速させ、バリューチェーンを刷新し続けることを目標としたのである。

スピンオフが発表されると、株価は一一％上昇し、年末までに二九％上昇した。セルサイドの調査アナリストの多くは、同社の部門間で成長性と利益率が異なることを勘案し、しばらくの間ＳＯＴＰを基準に旧デルファイを評価していた。彼らの分析では、デルファイの部門は一株当たり一〇〇ドル以上の価値があるとされていたが、これは公表前の株価を五〇％ほど上回るものであった。案の定、二〇一七年後半にスピンオフが完了するまでに株価は一〇〇ドルを超えたのである。

リストラクチャリング・事業再生

事業再生には、カタリストとなる償還への明確な道筋を持った経営危機の企業を見つけることも含まれる。リスクを考えれば、再生戦略に対して強い確信が持てなければならない。

デルファイは古典的な事業再生の例であった。肥大化した費用構造、膨大な負債、年金債務が同社を破綻へと追い込んだのである。これが同社の資産に対する投資不足につながり、財務パフォーマンスに影響を与え始めたのだ。

チャプターイレブンによる破産保護期間中、デルファイの取締役会と主要株主たちはCEOのロッド・オニールと協力し、同社を再生させるべく戦略を考案した。それには、ポートフォリオの再編成、負担の大きいUAW（全米自動車労働組合）の契約解除、製造拠点のBCCsへの移転、そして長期的な成長機会への集中が含まれていた。

二〇〇九年、デルファイは破綻保護を脱すると、事業再生はそれにとどまらなかった。前述のとおり、取締役会と経営陣は継続的な改善を後押しし、組織全体に浸透していたカルチャーを引き締めた。このような業務改善と効率性への絶え間ない集中が企業文化のなかに根付いていったのだ。オニールのCEOとしての任期の最終年にあたる二〇一四年末までに、EBITDAマージンは一五%を超え、IPO以降でも二〇〇ベーシスポイント改善した。新CEOのケビン・クラークのもと、EBITDAマージンはさらに二〇〇ベーシスポイント向上し、二〇一七年末までには一七%ほどに達したのである。

自社株買い・配当

すでに議論したとおり、長年にわたり自社株買いを行い、また配当政策を有する企業は魅力的な投資対象となる。しかし、既存の株主重視の資本配分戦略を継続しても、それ自体がカタリストとはならない。本当のカタリストは、ダイナミックな新規の自社株買い計画や配当政策の期待に基づくものである。資本配分の大幅な変更が大きな転機となり、株価が上昇することもある。年に浮動株の五％以上の自社株買いをするといった大規模な計画はとりわけ興味を引くものである。

アクティビストは価値創出のきっかけとして投資利益に焦点を当てることが多い。多額の現金を保有しながらも、その資本を充当する緊急性があきらかに存在しない企業が典型的なターゲットとなる。十分な株式のポジション（五％以上であることが多い）を構築するやいなや、アクティビストは経営陣に自社株買いや巨額の特別配当・普通配当を払うよう圧力をかける。

デルファイでは、同社の健全なＦＣＦの状況、積極的な取締役会と主要株主たちからして自社株買いが潜在的なカタリストとして視野に入っていた。上場公開からほんの二カ月が経過した二〇一二年一月、同社は二〇一一年第4四半期の決算発表に合わせて三億ドルの自社株買い計画を発表した。その後、時価総額がおよそ一〇〇億ドルであった二〇一二年九月に、新たに七億五〇〇〇万ドルの自社株買いが承認される。株価はそのニュースに三・五％上昇した。

その後、二〇一三年二月の投資家説明会で、デルファイは四半期ごとの普通配当の実施を発表する。オニールは「われわれの健全なバランスシートと多額のキャッシュフローの創出によって、今日、株主に向けてこの積極的な行動を起こすことができます。現金配当の開始は、すでに承認されている自社株買い計画とともに、事業に対するわれわれの自信と、株主価値の増大に対するコミットメントを反映したものであります」と述べた。デルファイの株価はその後の二日間で九・四％上昇したのである。

借り換え

借り換えも再評価につながるカタリストとなる。それさえなければ発展可能な企業が攻撃的なまでの借り入れによる資金調達が膨らんだ結果危機に陥っている場合や、景気後退が厳しい場合、またはＬＢＯの結果資本構造のレバレッジが過剰となっている場合などが一般的な状況である。企業を立ち直らせるためにバランスシートを強化することがカタリストとなる。ディストレスとなった株式が大勝利者へと変わる可能性があるのだ。

「浄化のための」借り換えはさまざまな形をとる。おそらく、最もシンプルなのは信用枠を新たに獲得するか、拡張するかして流動性を確保することである。もしくは、金利の高い借り入れを低金利のそれに置き換えることで、利益とＦＣＦを増大させることだ。同様に、企業は現在の債権者と交渉するか、既存の借り入れを新たに満期の長い債券で借り換えることで、満期を先送りすることもできる。さらに極端な場合は、デッドエクイティスワップによって債務負担を軽減し、貸し手には上昇する株式を提供することもできる。

破綻を脱したデルファイのバランスシートはクリーンで、流動性も豊富であった。年間の金利費用は二〇〇七年の七億五〇〇〇万ドルからＩＰＯ時点には一億二五〇〇万ドルまで減少していた。二〇一一年後半、デルファイの債券は利回りが六％で、債券市場が同社に対する信頼を新たにしていることが示された。

経営陣の刷新

株式投資家は新しい経営幹部がチェンジエージェントとなるような状況を探し求めている。企業は管理が不行き届きであったり、誤った方向に導かれていたり、または単に新しい血液を必要としていることがある。競合他社に比べて明らかに劣っている業績は典型的な前兆である。

新しい経営幹部がカタリストとなる企業に焦点を絞るだけでは不十分である。その変化が現実的でなければならない。現在のＣＥＯが引退間近である。または取締役会が変化を起こすつもりであることを示唆した、といった具合だ。もちろん、アクティビストが新たなＣＥＯやＣＦＯの任用を要求の核とすることもある。

外部からの登用は根本的な変革の要因となる可能性が高い。これは特別なスキルが求められるリストラクチャリングや事業再生の状況にはとりわけ当てはまることである。変化をもたらす人物は業界内で輝かしいトラックレコードを有していることが多い。おそらく、最も興味深い状況は、株式の価値を開放するための明確な課題を持っている取締役会やアクティビストが主導する経営陣の刷新があった場合である。

われわれはすでに二〇〇七年にデルファイのCEOに着任したロッド・オニールについて議論している。それから数年後の二〇一四年九月、投資家はCEOのバトンがケビン・クラークに手渡されたことに伴い、デルファイを再評価する機会を得ることになった。前述のとおり、取締役会はクラークの「高い」潜在能力を理由に二〇一〇年に彼を採用したのである。それゆえ、オニールの引退時期が来ると、取締役会も投資家たちもクラークが素晴らしい後継者になると確信していたのだ。クラークは、成長、オペレーショナルエクセレンス、ポートフォリオの最適化に引き続き焦点を当てることを期待された。

ある調査レポートが次のようにまとめている。「衛兵交代。レジェンドは謙虚なロックスターにマイクを渡したのだ……われわれはケビン・クラーク率いるデルファイの経営陣をとても信頼している。彼らの規律ある資本配分そしてビジョンは今日のデルファイを築き上げるうえで重要な役割を果たしたのだ」。この場合、現状の取り組みを継続することが正しい道であった。

アクティビスト投資家

アクティビスト投資家はカタリストを期待して株式を買い、忍耐強く待つようなことはしない。彼らはカタリストを結実させるべく「アクティブ」な役割を担う。彼らは企業の株式を大量に取得し、変化を迫ることでそれを成し遂げるのだ。有名なアクティビストとしては、アイカーン・エンタープライゼズのカール・アイカーン、トアイアン・パートナーズのネルソン・ペルツ、ジャナ・パートナーズのバリー・ローゼンステイン、エリオット・マネジメントのポール・シンガー、スターボード・バリューのジェフ・スミスなどがいる。

デルファイにはアクティビストそれ自体は参画していなかったが、ＩＰＯ時点の投資家層には実証済みのトラックレコードを持ち、アクティビスト投資の手法を採るファンドが含まれていた。シルバー・ポイント、エリオット、ポールソン、そしてオークツリー全体で株式の四五％を保有していたのだ。破綻したデルファイの大口債権者であったシルバー・ポイントとエリオットは、保有する債券を株式に転換することでデルファイの株式を手にしたのである。デルファイに対する彼らの長きにわたる徹底した知識と強力な企業統治によって、彼らは新デルファイを形づくるうえで主要な役割を果たすことができた。

シルバー・ポイントとエリオットは経営陣と協力するうえで直接的な役割を果たし、新しい戦略計画を策定・実行させた。ガバナンスの面では、彼らは二〇〇九年に自動車、テクノロジー、経営、資本市場、企業のリストラクチャリングなどをバックグラウンドとする、世界でも一流の取締役陣を召集した。新たな取締役会は株主価値を積極的に高めるべくプライベートエクイティ型のマンデートを受けた。これはつまり、新任の取締役にIPO前の株式を大量に（一般的な上場企業の取締役の水準をはるかに上回る）割り当てたということである。株式による報酬によって、取締役たちのインセンティブと株主たちの価値創造という目標とがしっかりと足並みをそろえたことになる。

また、シルバー・ポイントとエリオットは、オペレーティングの専門家を採用し、主要な引き継ぎ、費用の改善、業績の振るわない部門の合理化などについて経営陣の補佐をさせた。重要な行動の一つが、新たな取締役会はプライベートエクイティと上場企業の双方で経験を積んだケビン・クラークをCFOに任命したことである。前述のとおり、クラークはやがてロッド・オニールの後継者となるのだ。

主要株主たちと取締役会は、資本構造、資本分配、そして収益化に関するデルファイの戦略を主導した。二〇一一年四月、彼らはゼネラルモーターズが保有する四三億ドル相当のデルファイ株の自社株買いを画策した。そのわずか数カ月後、彼らは二〇一一年の夏から秋にかけて起こったヨーロッパの信用危機に乗じて、さらに一億八〇〇〇万ドル相当の自社株買いをした。これらの行動は株式価値の創出とＩＰＯの成功にこだわる文化を反映したものである。デルファイのチームはやがてそれ自体が良い意味でアクティビストとなったのである。つまり、精力的かつ前向きな株主資本の管理人である。

技術的な視点からすると、主要株主による最終的な株式の売却がもう一つのカタリストとなった。シルバー・ポイントとエリオットはＩＰＯで持ち株を売却しなかった――彼らが長期投資を行う機会だと考えているという、とりわけ強気な兆候である――が、彼らが保有する株式は長期保有の機関投資家の手に移っていくことになる。一般論として、長期保有の株主が増えるほどオーバーハングの懸念が取り除かれ、株式の再評価につながるのだ。大口の投資家が手仕舞いする際にクオリティーの高い事業に買いを入れることは長期的には有益であることが証明されている。

新製品・新顧客

重要な新製品の導入に成功すれば、多額の売り上げと利益を新たに生み出すことができる。真のゲームチェンジャーは既存製品の売り上げを食うことなく競争で優位に立つのだ。それが発表されると、通常株価は新たな成長を期待して上昇する。

大口顧客の獲得も新製品の導入と似たようなものである。新たな大口契約は、現時点ではコンセンサス予想に反映されていない売上高と利益の増大を意味するのだ。

デルファイでは、安全、環境への配慮、相互接続に関連する新製品の導入が同社の戦略の中核にあった。二〇一四年になると、デルファイは自動運転に目を向け、最新の製品の性能をラスベガスで毎年開催されるコンシューマー・エレクトロニクス・ショー（CES）で紹介した。その後、二〇一五年には、デルファイは大陸横断の自動運転試験を行った第一号企業となった。

デルファイが、最先端の技術による、成長性が高く、利益率も大きい新製品に焦点を当てていることは投資家にも分かった。収益性の拡大に対する期待によって、デルファイのPERは二〇一七年までに、二〇一一年のIPO時の三倍近くにまで上昇した。元来これは、製造業の優良企業に与えられる水準で、時代遅れの自動車部品メーカーのそれではない。

規制

規制環境の大きな変化は機会もリスクも生み出す。例えば、運輸やインフラストラクチャーに関する新しい法律は、骨材、セメント、レディーミクストコンクリートを扱う企業にはカタリストとなるはずである。同様に、新たな自動車の排出ガス規制は部品メーカーにとっては一台当たり部品数の増加につながる機会となる。

リスクの面では、エネルギーや金融サービス、ヘルスケア、メディアや電気通信といったとりわけ敏感な業界に注意が必要である。エネルギーについていえば、炭鉱会社は温室効果ガスに関するEPA（米環境保護庁）の規制に大打撃を受けた。同時に、これはクリーンエネルギーがその空白を埋める機会ともなったのである。

反トラストの規制はすべての業界に関連する留意事項である。司法省は九〇〇〇万ドルを超えるあらゆる事業の統合について承認を下さなければならない（二〇一九年二月二〇日時点の情報であり、毎年見直しが行われる）。それゆえ、M&Aに関連するあらゆる投資テーマやカタリストでは、規制当局の承認を得られるかどうかをじっくりと考える必要がある。二〇一五年にコムキャストがタイム・ワーナー・ケーブル（TWC）の買収に失敗したことなどは顕著な例である。

規制による異なる種類の問題として、二〇一八年ブロードコム（ＡＶＧＯ）によるクアルコム（ＱＣＯＭ）の一一七〇億ドルの買収の失敗があるが、これはいわば国の安全保障の問題とされた。この取引は、対米外国投資委員会（ＣＦＩＵＳ）の異議に基づき阻止されたのである。

前述のとおり、規制に関する留意事項はデルファイの成長を大きく左右するものであった。同社の主な拠点がある地域においては、より厳しい排出ガスと安全性基準の導入がカタリストとなった。それぞれの新しい基準は、デルファイが製品を導入し、また一台当たり部品数を増大させる機会となった。これはまた、同社と既存顧客と新規顧客との親密度を高めることにもなったのである。

カタリストがデルファイの株価にどのような影響を与えたか

結局のところ、重大なカタリストはデルファイの上昇のための明確な道しるべとなり、二〇一一年のＩＰＯから二〇一七年のスピンオフまでに株価は五倍近く上昇したのである

図表4－15　DLPHの株価と出来高の履歴に注釈をつける

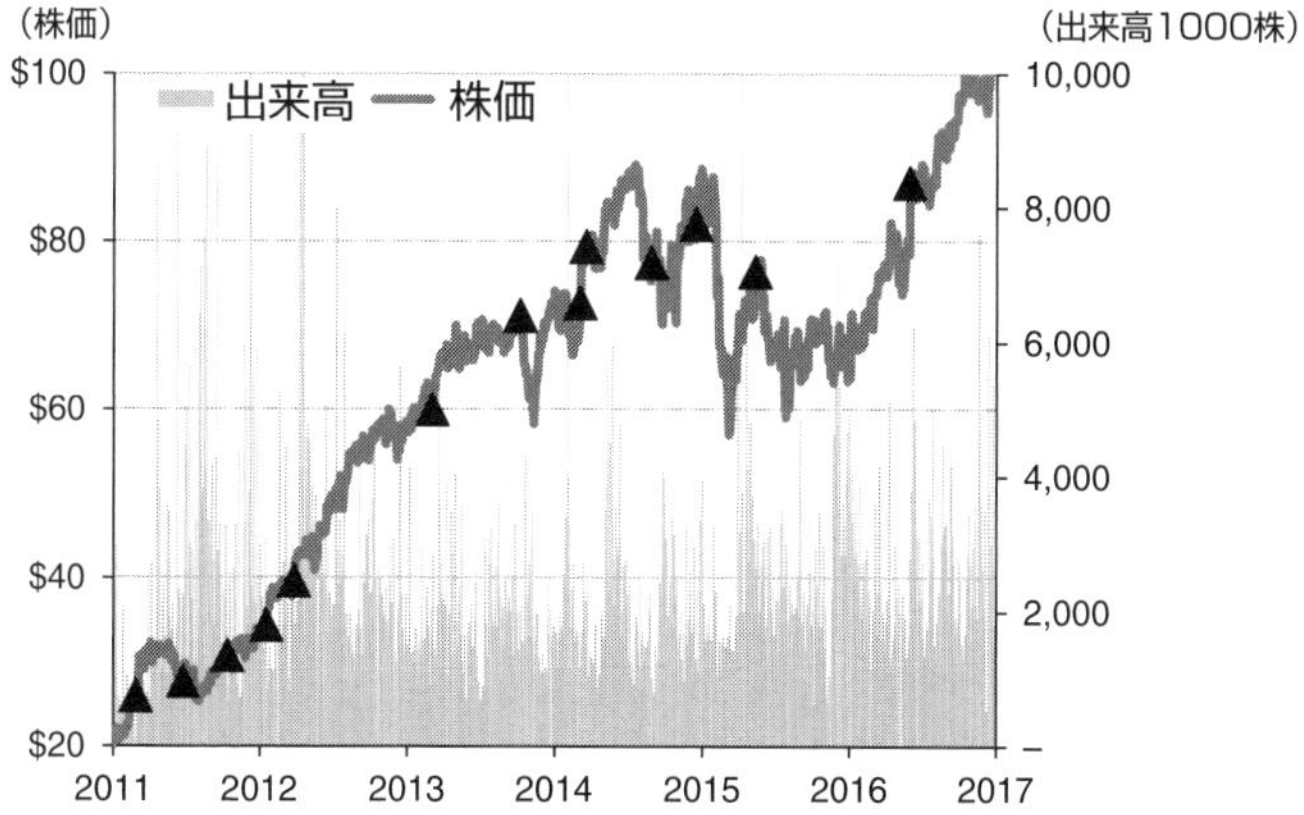

日付	株価の反応	出来事
2012/01/26	＋ 4.6%	2011 年第 4 四半期の業績発表と 2012 年のガイダンス公表、どちらも市場予測を上回る
2012/05/24	＋ 7.6%（2 日間）	FCI の自動車部門（MVL）の買収を発表
2012/09/13	＋ 3.5%	7 億ドル相当の自社株買い計画が承認される
2012/12/18	＋ 10.3%（6 日間）	S&P500 に採用され、その前後で買いが入る
2013/02/26	＋ 9.4%（2 日間）	投資家向け説明会で、四半期配当（利回り 1.8%）の実施と長期的な資本分配計画を発表
2014/02/14	＋ 8.1%（7 日間）	2013 年第 4 四半期の決算（市場予想を上回る）を発表し、2014 年度のガイダンスを公表
2014/09/09	－ 0.3%	CEO のロッド・オニールが 2015 年 3 月をもって退任し、CFO のケビン・クラークが後任となることを発表
2015/02/04	＋ 7.9%（4 日間）	2014 年第 4 四半期の決算（市場予想を上回る）、安定的な自社株買い、そして 2015 年度のガイドラインを公表
2015/02/19	－ 0.3%	サーマルシステム部門のマーレベーア GmbH & Co への売却を発表
2015/07/30	＋ 7.7%	ヘラマンタイソンの買収を発表
2015/11/18	＋ 8.4%（6 日間）	バークレイズのオートモーティブ・カンファレンスに出席し、その年の好調な業績予想を説明した
2016/04/13	＋ 6.6%（2 日間）	投資家向け説明会を開催し、2020 年までに収益を年平均成長率で 8 ～ 10％増大させ、EBITDA マージンを 18.5％にするとの目標を公表
2017/05/03	＋ 10.9%	パワートレイン部門のスピンオフと自動車のコネクティビティと自動運転に特化した新会社の設立を発表

（図表４－15）。予想を上回る収益、Ｍ＆Ａ、自社株買いと配当のみならず、評判となった投資家説明会や説得力ある長期的ガイドラインが功を奏した。成功裏に行われたＣＥＯの変更やスピンオフもデルファイの素晴らしい上昇を支えた。

目標株価を設定する

さて、バリュエーションとカタリストを理解したので、次はこの知識をどのように用いて勝てる銘柄を選択するか、である。次の一歩として重要なのは目標株価（ＰＴ）を設定することである。これが包括的なデューデリジェンスとバリュエーション作業の極みである。

目標株価とは、自らの投資テーマが実現した場合にその銘柄が到達するであろう将来の株価のことである。これは、買いか売りか、要観察か見送りかにかかわらず、最終的な投資判断の中核をなすものである。目標株価がなければ、上昇も、リスク・リワードのトレードオフも適切に定量化することはできない。

目標株価は、コアとなる市場、本源的価値、そしてすでに実行したバイアウトバリュエ

図表4－16　目標株価の設定

デルファイの目標株価

（単位＝100万ドル。１株当たりのデータ除く）

	基本ケース	強気ケース	弱気ケース
現在の株価	**$22.00**		
EV / EBITDA			
EBITDA（2013年予測）	$2,433	$2,676	$1,824
目標マルチプル	6.0x	8.0x	3.5x
エンタープライズバリュー	**$14,596**	**$21,407**	**$6,386**
マイナス　負債合計	(2,173)	(2,173)	(2,173)
マイナス　非支配持ち分	(462)	(462)	(462)
プラス　現金	1,355	1,355	1,355
株式価値	**$13,316**	**$20,127**	**$5,106**
希薄化後株式数	328	328	328
目標株価	**$40.57**	**$61.32**	**$15.55**
現在の株価と比較したアップサイド（ダウンサイド）	84%	179%	(29%)
年率リターン	36%	67%	(16%)
PER			
EPS（2013年予測）	$4.36	$5.50	$3.75
目標マルチプル	10.0x	12.0x	5.0x
目標株価	**$43.64**	**$66.00**	**$18.75**
現在の株価と比較したアップサイド（ダウンサイド）	98%	200%	(15%)
年率リターン	41%	73%	(8%)
FCFイールド			
FCF/S（2013年予測）	$3.26	$4.08	$2.45
目標利回り	8%	5%	15%
目標株価	**$40.75**	**$81.58**	**$16.32**
現在の株価と比較したアップサイド（ダウンサイド）	85%	271%	(26%)
年率リターン	36%	93%	(14%)

ーション分析を反映したものとなる。これは、自らの財務予測と主たるカタリストを包含する。多くの場合、目標株価はマルチプルを基準としたものとなる。つまりＥＶ／ＥＢＩＴＤＡ、ＰＥＲ、ＰＦＣＦＲ、またはそれらを組み合わせたものであるが、最も近似する類似企業のそれが主たる基準点となる。

基本的な目標株価に加え、通常は強気のケースと弱気のケースも設定する。リスク・リワード分析は単純である。潜在的なリワードは現在の株価と基本となる目標株価との差異率で表される。強気ケースの目標株価はさらなる上昇の見通しを示すものである。リスクは現在の株価と弱気のケースの目標株価との差異率に表れる。

デルファイに関する目標株価分析は**図表４－16**に示している。われわれの基本的な目標株価は、二〇一三年予測のＥＶ／ＥＢＩＴＤＡ、ＰＥＲ、そしてＰＦＣＦＲのマルチプルから導き出した。二〇一三年予測をバリュエーションの基準年として選んだのは、自動車業界の回復まで十分な時間があり、またデルファイのＩＰＯ後の戦略が十分に実行されたからである。言い換えれば、より「標準化された業績」を反映させたのだ。

デルファイは長期的成長株に即して取引されるべきとするわれわれの投資テーマに合わせて、基本となるケースではマルチプルが拡大すると仮定した。基本となるＥＢＩＴＤＡ、

ＥＰＳ、ＦＣＦ／Ｓ（ＦＣＦイールド）については、第３章のステップ３で示した財務予測に基づいた（**図表３－11**）。これと同じ予測は**図表４－４**のＤＣＦでも利用したが、そこでは予想株価はおよそ四〇ドルという結果となった。これは整合性の確認に有効である。

ＰＥＲについては、基本ケースでは一〇倍としたので、二〇一三年予測のＥＰＳである四・三六ドルと掛け合わせると四三・六四ドルという目標株価が得られるが、これはデルファイのＩＰＯ価格に対して九八％のプレミアムとなる。ＥＶ／ＥＢＩＴＤＡは六倍としたので、二〇一三年予測のＥＢＩＴＤＡ二四億ドルから、目標株価は四〇・五七ドルとなる。そして二〇一三年予測の三・二六ドルのＦＣＦ／Ｓに対してＦＣＦイールドを八％とすると、目標株価は四〇・七五ドルとなる。

強気ケースと弱気ケースでは、財務パフォーマンスとマルチプルの双方の仮定に微調整を加えた。例えば、デルファイの強気ケースでは、アメリカと中国での取引量が増大することによって売上高の成長が加速し、利益率も向上し、より多くの自社株買いが行われるとした。この結果、二〇一三年予測のＥＰＳは五・五〇ドルとなる。これに一二倍という期待を込めたマルチプルを掛け合わせると目標株価は六六ドルとなり、上昇は二〇〇％となった。

ひるがえって弱気のケースでは、ヨーロッパが振るわず、アメリカの取引量が減少し、中国の成長が低下し、さらに費用が増大すると仮定した。その結果、二〇一三年予測のEPSは三・七五ドルとなった。マルチプルについてはデルファイがIPOをしたときの水準と変わらないと仮定した、つまり、系列部品メーカーに沿った水準である。成長性が低く、収益性も低下したデルファイに五倍のPERを当てはめると、目標株価は一八・七五ドルとなり、二二ドルのIPO価格に対して下落率は一五％となった。

重要なポイント

- ●企業の評価を行う前に、まずはその事業と基本的な財務状況を理解しなければならない。
- ●株式がその日の株価で魅力的かどうかを判断するためにバリュエーションを行う必要がある。
- ●事業と財務のテストを見事に通過した銘柄でさえバリュエーションのテストに失敗

することがある。

●成長予測はバリュエーションにとって重要である、なぜなら投資家はより成長性の高い企業を高いマルチプルをもって報いる傾向にあるからだ。

●企業のバリュエーションが魅力的なように見えても、慎重に取り組むべきである。たいていの場合、安い株式にはそれだけの理由があるのだ。

●利益力の向上やマルチプルの増大によって株式の大幅な再評価につながり得るカタリストを探さなければならない。

●高収益企業は伝統的な銘柄選択者にとって必須である。

●最終的に、バリュエーションを通じて正当化できる目標株価を算出しなければならない。それが投資判断の基礎となるのだ。

魅力的な投資アイデアを見いだし、その精査が済んだら、判断を下さなければならない。つまり、買うのか、売るのか、要観察か、見送るのか。だが、まずは一歩下がって、ここに至るまでの道のりを振り返ってみよう。

第1章の「ステップ1　アイデアを創出する」では、投資候補を系統立てて振り分ける枠組みについて説明した。バリュエーションや財務指標やM&Aやスピンオフや資本還元などさまざまなコーポレートイベントに基づいて投資アイデアをスクリーニングする方法を学んだ。また、主要なマクロや長期的なテーマと、そこから利益を得る可能性が最も高い企業について確認した。

第2章の「ステップ2　最良のアイデアを見いだす」では、われわれのホームページ

（https://investinglikethepros.com/）で提供している投資アイデアを見直す枠組みと投資メモのテンプレートを基準に投資対象の候補を絞り込んだ。投資テーマを展開し、事業を評価し、経営陣の質を判断し、リスクを見極め、企業の財務および市場のバリュエーションを分析することに焦点を当てた予備調査の方法を学んだ。この初期の作業に基づいて、投資機会の検討を続けるか否かを判断したのである。

第3章の「ステップ3　事業と財務のデューデリジェンス」では、ファンダメンタルズを徹底的に調査した。ビジネスモデル、とりわけその主たるバリュードライバーとリスクに対する理解を高めた。財務の面では、主要な財務諸表を調査し、企業がどのようにお金を稼ぎ、増やし、また費消しているかを検証した。要するに、今後企業がどのような業績を上げるかについての考えをまとめたのである。

第4章の「ステップ4　バリュエーションとカタリスト」では、企業にどれだけの価値があるかを判断した。また、企業単独または競合他社との比較を基準に割安か割高かの判断も行った。類似企業分析とDCF（ディスカウントキャッシュフロー分析）がこの作業の核となるが、必要に応じてM&Aを基準としたバリュエーション方法で補完する。また、株式の再評価につながる潜在的なカタリストも確認した。この作業は目標株価の設定に結実する。

さて、第5章の「ステップ５　投資判断とポートフォリオ管理」は、最終判決を下すときである。買いか売りかの判断を下してもそこで終わりではない。その後、善かれあしかれ当初の投資テーマや目標株価（ＰＴ）を変えるような新たな展開があるかどうか、常にポジションを観察していなければならない。

その銘柄が今日買ったり売ったりするほど魅力的でないならば、それは要観察に分類される。それらの銘柄は将来の投資の種となる。企業のバリュエーションやファンダメンタルズに変化があったり、具体的なカタリストが実現した場合に再び目を向けることができる。見送る判断をする場合、理想的にはもっと早い段階でその判断を下したいところである。

また、個々のポジションはポートフォリオのより広い観点から管理しなければならない。そのために、基本的なポートフォリオの構築とリスク管理の手法について議論する。ポートフォリオ構築とは自らの具体的な投資目的や戦略やリスク許容度に合った銘柄群をまとめ上げることである。

それに呼応して、リスク管理には自らのポートフォリオにふさわしいリスク・リワードのバランスを設定することが求められる。ポジションの規模、投資テーマ、セクターの集中度、地域的な集中度、レバレッジの水準に特に注意しなければならない。また、為替やコモディティ価格、金利といったマクロ要因に対するイクスポージャーを管理する必要もある。リスク管理の主要なツールとしてポジションに上限を設けること、損切り、利益確定、ヘッジやストレステストなどがある。

投資判断を下す

デューデリジェンスとバリュエーションは完了した。次は判断を下すときである。そのためには新たに習得したスキルを信頼し、勇気をもって行動することが求められる。長期にわたり、堅実な判断を安定的に下すことができれば、優れた投資家になることができる。

買い

ここまでわれわれの示したステップに従い、特定の銘柄に対して確信を得たことであろう。そのためには、事業や財務やバリュエーションに対する信頼が必要である。また、今日の株価での買いが魅力的であると考えているということでもある。このすべてがＩＰＯ（新規株式公開）時のデルファイに対するわれわれの評価につながっている。つまり、シクリカルな安値で長期的な成長株が手に入る、買いのチャンスという評価である。

会社は良いが、株式は悪いという罠に陥りたくはないであろう。優れた企業でも過大な価格を支払ったり、タイミングを誤れば、お粗末な銘柄選択となりかねないのである。マイクロソフトは史上最も成功した一社と認識されており、時価総額も二〇一九年半ばには一兆二〇〇〇億ドルを超えるまで増大している。だが、同社は常に優良株だったろうか。第１章で議論したとおり、一九九九年後半に四〇ドルの株価をつけて以降、マイクロソフトがその天井を超えるまでに一五年近くがかかったのである。

第４章のステップ４で記したとおり、投資を行う前に目標株価を設定することが一般的にも最も良い方法である。それによって規律を確立し、投資判断の過程から感情を取り除くことができるようになる。成功する投資家は前もって自らのポジションのパラメーターを理解し、状況に応じて手仕舞う準備ができているのである。

その銘柄が買いではないという結論に至ったとする。だが、空売りは可能だろうか。この判断にも買いの場合と同じ水準の調査と確信が求められる。皮肉にも、魅力的な買いの機会を探していたら、まったく対極にある投資アイデアを発見することもあるのだ。

株式を空売りする判断はその価値が下がるだろうという信念に基づくものである。そのメカニズムは株式を借り（ブローカーやディーラーの存在がそれを可能にする）、そして上場市場で売却するのだ。何を借りても同じであるが、最終的にはそれを買い戻さなければならない。空売りは将来より安い価格でその銘柄を買い戻すことができるかどうかにかかっている。今日その銘柄を売却した価格と後にそれを買い戻すより安い価格との差が利益となるからである。

調査の過程で、対象の企業や競合他社の一社が市場シェアを失っていることを発見するかもしれない。または、価格決定力の変化や低価格の最先端技術の登場などビジネスモデルに対する長期的な問題を見つけるかもしれない。また、ファンダメンタルズが劣っている競合他社に不当なまでに高い利益予測がなされ、プレミアムが付いて取引されていることを発見することもある。ルイ・パスツールと同じように、何か別のものを探しているときに信じられないような発見に出くわすかもしれないのだ。

概して、空売りの候補となる銘柄はいくつか共通のカテゴリーから得られる。それには代替製品、陳腐化、構造的な圧力、消費者の選好の変化、景気のピーク、規制の変更といった外部要因も含まれる。また、自業自得と言える事象も含まれるが、なかでも注目すべきは不正な会計処理、経営の管理不行き届き、レバレッジが過大となったバランスシート、見当違いのM&Aなどもある。突然の経営陣の交代、社内関係者による異常に多い自社株の売却、矢継ぎ早やに行われる買収などは一般的には警戒信号である。

製品の陳腐化の古典的な例として、印刷物からデジタルメディアへの移り変わり、従来の小売業を凌駕したeコマース、伝統的なカメラに取ってかわったモバイル機器などがある。熱心な空売り筋は、エンロン、サンエジソン、タイコー、ワールドコムなどの企業で行われた不正会計を暴いたことで報われもしたのである。

多くの投資家が空売りを戦術として利用する。ヘッジ戦略の一環である場合もあれば、明白な空売りの機会を見いだしたときに選択的に利用されることもある。しかし、空売りを主たる戦略として安定的にお金を稼いでいるプロはほとんど存在しない。なぜだろうか。

市場は長期で見れば上昇していることは明白だからである。つまり、一九二九年以降、S&P五〇〇は配当の再投資を含めると年利一一%のリターンを上げてきているのだ。また、空売りは、ウォール街の機関投資家に根強く見られる買いバイアスによって不利なものとなる。要するに、株価が値上がりすれば利益を得られる投資家のほうが、株価が値下がりした場合のそれよりも多いということだ。このような環境を考えれば、成功するためにはかなりのスキルと洞察力が必要となる。

さらに、見当違いの空売りから被る潜在的な損失は無限大である。買いポジションであれば、ある銘柄を一株二五ドルで買い、その企業が破産しても、潜在的な損失の総額は最大で二五ドルである。だが、空売りをした場合、理論上、株価の上昇には上限はないのである。つまり、潜在的損失は無限大なのだ。

要観察

事業と財務の要件を満たしても、バリュエーションの試験に落第する銘柄もある。それらは優良企業ではあるが、今のところ割安ではないのだ。一方で、割安なのだが、事業と財務の視点からすると今のところさして魅力的でない銘柄もある。だが、それらが改善し、長期的な勝者となる可能性を見いだすこともあろう。

そのような投資アイデアは要観察に分類しておくべきである。**図表5－1**に示すとおり、われわれの経過観察のテンプレートには、それらの銘柄の関連するバリュエーション指標や財務指標が掲載されている。おそらく、最も重要なのが目標株価の列であろう。この目標株価は第4章のステップ4で議論したとおり、当該銘柄について行った通常のバリュエーションを反映したものである。経過観察のテンプレートにある銘柄が目標株価よりも大幅に割り引かれて取引されていれば（例えば、一二カ月以内に二五％超の割り引き）、再び検討する準備が整ったということになる。

理想を言えば、当該企業を観察し、事業と業界のトレンドについて常に更新したいところである。株価が大幅に下落した場合には、その下落が根拠のないものか、当初のテーマがいまだ有効であるかを確認する必要がある。あるいは、企業の見通しが改善され、目標株価を引き上げることになるかもしれない。これはその銘柄を再検討するに値する十分な上昇があるかもしれない。

すべての投資アイデアを見直すことで、ポートフォリオのコアとなる可能性のある銘柄

図表5－1　経過観察シート――候補となる投資アイデア

経過観察シート（2012年3月1日時点）

企業	ティッカー	現在の株価	目標株価	アップサイド%	有利子負債/EBITDA	EV / EBITDA '12E	EV / EBITDA '13E	EV / EBITDA '14E	PER '12E	PER '13E	PER '14E	FCFイールド '12E	FCFイールド '13E	FCFイールド '14E
アマゾン	AMZN	$180.04	$225.00	25%	0.7x	25.4x	18.1x	13.5x	64x	44x	33x	3.6%	4.8%	6.5%
セラニーズ	CE	$48.41	$55.00	14%	2.8x	9.1x	8.5x	8.1x	11x	10x	9x	4.5%	7.6%	8.2%
チャーター・コミュニケーション	CHTR	$63.24	$85.00	34%	4.7x	7.4x	7.0x	6.6x	NM	NM	16x	7.4%	11.1%	15.8%
ダナハー	DHR	$52.88	$55.00	4%	1.4x	10.7x	9.7x	8.8x	16x	14x	12x	7.4%	8.2%	8.8%
グーグル	GOOG	$622.40	$750.00	21%	0.2x	19.4x	16.4x	14.1x	15x	13x	11x	6.3%	7.4%	8.5%
イリノイ・ツール・ワークス	ITW	$55.88	$60.00	7%	1.1x	8.3x	7.9x	7.5x	13x	12x	11x	7.4%	8.1%	8.8%
マスターカード	MA	$420.43	$500.00	19%	0.0x	11.6x	10.1x	8.8x	19x	17x	14x	5.1%	6.5%	7.5%
プライスライン	PCLN	$637.32	$675.00	6%	0.3x	16.7x	13.0x	10.5x	24x	18x	16x	4.8%	5.8%	6.7%
ロックウッド	ROC	$54.00	$67.50	25%	1.9x	6.6x	6.1x	5.8x	12x	10x	9x	7.1%	9.9%	11.3%
シャーウィン・ウィリアムズ	SHW	$103.56	$115.00	11%	0.9x	11.3x	10.6x	10.0x	18x	16x	15x	5.1%	6.1%	6.7%
シリウスXM	SIRI	$2.23	$3.00	35%	2.6x	14.7x	12.9x	12.1x	NM	28x	28x	4.6%	6.5%	8.7%
タイム・ワーナー	TWX	$37.46	$47.50	27%	2.9x	8.2x	7.7x	7.3x	11x	10x	8x	8.0%	10.5%	12.4%

のデータベースを構築しているわけだ。その銘柄が保有するだけの魅力を持つまでに数年間も観察し続けるはめになる場合もある。リーマンショックの深みから脱したとき、何年間も待ち望んでいた優良企業を底値で買うことができた投資家もいる。時間の試練に耐えたバリュー投資戦略では、クオリティーの高い投資アイデアを積み上げ、機に応じてそれらを取得することが軸となるのだ。

見送り

見送りのカテゴリーは単純である。これは、何もしたくない銘柄である。買うにも、空売りするにも、将来投資するにも魅力のない銘柄である。見送ったことをあとで祝いたくなるものもあれば、後悔するものもある。後者については、願わくはその時点における自らの理由付けに確信を得たいところである、言い換えれば、本書のステップに従い、整然と自らの分析を行うことだ。結局のところ、その銘柄は自分には向いていないと判断したわけだ。規律は美徳である。強いて投資アイデアを自らのポートフォリオに加えたくはないであろう。

理想を言えば、投資プロセスの早い段階で銘柄を見送る判断をしたい。最終的に見送る銘柄に時間をかけるのは機会コストが大きい。投資アイデアがこの時点で生き残った場合は、新たに獲得した知識を将来の投資機会に適用することができる。新しい業界や企業について調査を続けることで、学び続けることになる。

投資を監視する

ポジションを構築しても作業は終わらない。投資した銘柄を見守り、自らの考えを適用させる準備をしなければならない。新しい展開が当初のテーマを変えさせるかもしれないし、それが直ちに必要となる場合もある。

自らのポジションを監視する際には、常に企業の事業に影響を与えるかもしれない企業独自の出来事やマクロの出来事を熟考し、分析し、演繹的に推論する必要がある。デューデリジェンスに終わりはないのだ。常に自らのテーマを見直し、再検証すべきである。あらかじめ見いだしたリスクに自らの波長を合わせておかなければならない。

日々の観察活動は、企業や業界独自のニュースや調査リポート、そして関連する経済データを把握することが主眼となる。四半期ごとに、決算発表やSEC（証券取引委員会）の提出書類、関連する投資家向けプレゼンテーション資料（提供されていれば）を詳しく調査することになる。また、多くのプロたちはIR（インベスターリレーション）の担当者や経営陣との対話を続けている。ポートフォリオを構成している企業やその競合他社が参加している業界のカンファレンスに出席することもある。

消費者や納入業者との会話も業界のダイナミズムやトレンドに対する見識を与えてくれる。この手の調査は、主たるバリュードライバーや競争環境を正しく把握するうえで有効である。同水準の観察活動を経過観察のテンプレートにある銘柄にも適用すれば、適切なタイミングをとらえることができる。

投資を正業とする者でないならば、時間と資源の制約を考えると上記の作業が困難であろうことはわれわれも認識している。だが、株式投資を真剣に考えているならば、専念すべきである。われわれはノウハウを提供することはできるが、やる気は自分次第である。日々ポートフォリオの管理に一定の時間を確保することをお勧めしたい。少なくとも毎日金融ニュースには目を通し、注目している銘柄のアラート（例えば、グーグルアラート）を設定しておくべきである。

四半期業績

四半期ごとの決算発表の見直しと解釈は観察活動の重要な部分である。アメリカの上場企業は四半期ごとに10－Qや10－Kを提出し、カンファレンスコール（これら四半期のカンファレンスコールの開催時間とアクセスコードは企業のウェブサイトに掲載される。また、通常はインターネットでも配信され、再生も可能であり、またさまざまな金融情報サービス業者によって文字起こしされる）の開催に合わせ、財務状況全般の最新情報と過去三カ月と会計年度の初めから今日までの（ＹＴＤ）期間の説明を行う。また、経営陣はその機を利用してガイダンスや業績見通し、主たる戦略的構想、業界のトレンドの最新情報を投資家に伝える。

業績に関する分析は、企業の四半期そしてＹＴＤの業績を前会計期間、セルサイドのコンセンサス、そして自らの予想と比較することが中心となる。四半期ごとのトレンドもまた特定の企業、とりわけ季節要因の少ない企業には有効な情報となる。同じく重要なことだが、先の四半期に予想を上回ったか下回ったかを追跡すべきである。これによって重要なトレンドが明らかになるであろう。

収支報告に耳を傾け、その後、記録原稿とセルサイドの調査リポートを見直すとよい。経営陣のコメントの内容と論調、とりわけ重要なパフォーマンスドライバーに関するそれに注意を払うべきである。すべての銘柄に投資家との議論の的になる独自のポイントがある。売上高の成長性である場合もあれば、利益率である場合もある。いずれにせよ、業績見通しとガイダンスはだれもが注目する。企業が売り上げやＥＰＳ（一株当たり利益）予想を上回りながらも、経営陣のガイダンスがパッとしないという理由で株価が下落しても驚くことではない。

また、10－Ｑ（または10－Ｋ）、そのなかでもＭＤ＆Ａは時間をかけて通読し、四半期の特色を把握すべきである。財務諸表の脚注も参考になる。通常、プロたちはＩＲ担当者や経営陣とのフォローアップの電話を求め、アウトパフォームやアンダーパフォームとなった重要な部分を明らかにしようとする。この会話は財務モデルの仮定を確かめるためにも用いられる。

図表５－２と**図表５－３**に、損益計算書とキャッシュフロー計算書の科目を四半期と年度業績で比較するためのテンプレートを示している。自ら比較する際には企業やセクター特有の経営指標、開示されているのであれば部門ごとの財務状況を含めることもあろう。

図表5－2　四半期業績比較テンプレート（単位＝100万ドル。1株当たりデータ除く）

2011年第4四半期業績サマリー	2011年第4四半期公表値	2010年第4四半期公表値	2010年第4四半期との差額（ドル）	2010年第4四半期との差額（%）	コンセンサス予想の当否	コンセンサス	自分の予想
損益計算書							
収益	$3,900	$3,652	$248	6.8%	Beat	$3,879	$3,898
総利益	$679	$606	$73	12.0%	Beat	$581	$550
利益率%	17.4%	16.6%	0.8%	4.9%	Beat	15.0%	14.1%
EBITDA	$530	$342	$188	55.0%	Beat	$419	$435
利益率%	13.6%	9.4%	4.2%	45.1%	Beat	10.8%	11.2%
純利益	$290	$75	$215	286.7%	Beat	$179	$217
利益率%	7.4%	2.1%	5.4%	262.1%	Beat	4.6%	5.6%
希薄化後株式数(1)	328	328	-	-	In Line	328	328
EPS	$0.88	$0.23	$0.65	286.7%	Beat	$0.54	$0.66
キャッシュフロー計算書							
営業活動によるキャッシュフロー	$468	$287	$181	63.1%	Miss	$487	$456
マイナス　キャペックス	176	219	(43)	(19.6%)	Beat	187	175
売り上げ比%	4.5%	6.0%	(1.5%)	(24.7%)	Beat	4.8%	4.5%
フリーキャッシュフロー	$292	$68	$224	NM	Miss	$301	$281
FCF / S	$0.89	$0.21	$0.68	NM	Miss	$0.92	$0.86
資本還元							
自社株買い	$109	$0	$109	-	Miss	$136	$100
配当	93	2	91	NM	Beat	55	0
資本還元合計	$202	$2	$200	NM	Beat	$175	$100
時価総額比%	2.9%	0.0%				2.5%	1.4%

(1)＝比較のため、IPO時の実際の発行済み株式数を反映させて調整。2010年第4四半期のEPSは0.11ドル

図表5－3　年度業績比較テンプレート（単位＝100万ドル。1株当たりデータ除く）

2011年度業績サマリー	2011年度 公表値	2010年度 公表値	2010年度との 差額（ドル）	2010年度との 差額（%）	コンセンサス 予想の当否	コンセンサス	自分の予想
損益計算書							
収益	$16,041	$13,817	$2,224	16.1%	Beat	$16,020	$16,039
総利益	$2,655	$2,049	$606	29.6%	Beat	$2,633	$2,526
利益率%	16.6%	14.8%	1.7%	11.6%	Beat	16.4%	15.7%
EBITDA	$2,119	$1,633	$486	29.8%	Beat	$2,011	$2,044
利益率%	13.2%	11.8%	1.4%	11.8%	Beat	12.6%	12.7%
純利益	$1,145	$631	$514	81.5%	Beat	$1,035	$1,072
利益率%	7.1%	4.6%	2.6%	56.3%	Beat	6.5%	6.7%
希薄化後株式数(1)	328	328	-	-	In Line	328	328
EPS	$3.49	$1.92	$1.57	81.5%	Beat	$3.15	$3.27
キャッシュフロー計算書							
営業活動によるキャッシュフロー	$1,377	$1,142	$235	20.6%	Miss	$1,392	$1,356
マイナス　キャペックス	630	500	130	26.0%	Beat	641	629
売り上げ比%	3.9%	3.6%	0.3%	8.5%	Beat	4.0%	3.9%
フリーキャッシュフロー	$747	$642	$105	16.4%	Miss	$752	$727
FCF / S	$2.28	$1.96	$0.32	16.4%	Miss	$2.29	$2.21
資本還元							
自社株買い	$4,747	$0	$4,747	-	Miss	$4,763	$4,738
配当	93	27	66	244.4%	Beat	78	0
資本還元合計	$4,840	$27	$4,813	NM	Beat	$4,818	$4,738
時価総額比%	68.5%	0.4%				59.6%	67.0%

(1)＝比較のため、IPO 時の実際の発行済み株式数を反映させて調整。2011 年および 2010 年の EPS はそれぞれ 2.72 ドルと 0.92 ドル

後出のテンプレートでは、デルファイがＩＰＯ後に初めて公表した二〇一一年一二月三一日を末とする第４四半期の財務情報を利用している。年間のテンプレートでは二〇一一年一二月三一日を末とする通年の財務情報を参照している。

二〇一一年第４四半期、デルファイは三九億ドル（前年同期比＋六・八％）の売り上げを計上し、ＥＢＩＴＤＡは五億三〇〇〇万ドル（同＋五五％）、ＥＰＳは〇・八八ドル（同＋二八七％）でコンセンサス予想をはるかに上回った。同じ決算発表のなかで、デルファイは二〇一一年度の売上高は一六〇億ドル（前年比＋一六％）、ＥＢＩＴＤＡは二一億ドル（同＋三〇％）、ＥＰＳは三・四九ドル（＋八二％）と発表した。これら劇的な成長率は最低水準にあったデルファイの取引量が底を打ったこと、費用削減の取り組みで改善が見られたこと、そして営業レバレッジを反映したものであった。破綻を脱してからおよそ二年、新デルファイの業績が同社の目を見張るような変革を反映していることは明らかであった。

バランスシートの主要な指標も追跡する。**図表５−４**で分かるとおり、デルファイのレバレッジは二〇一〇年末時点の〇・二倍から二〇一一年末には一倍まで増大した。これはおもに、ゼネラルモーターズが保有する四三億ドル相当の株式を買い戻すために新たに借

図表5－4　バランスシート比較テンプレート（単位＝100万ドル）

2011年度バランスシートデータ	2011年度公表値	2010年度公表値	2010年度比（ドル）	2010年度比（%）
資本構造				
財務指標				
EBITDA	$2,119	$1,633	$486	29.8%
金利費用	123	30	93	NM
キャペックス	630	500	130	26.0%
負債残高				
現金	$1,372	$3,266	($1,894)	NM
有担保負債	1,103	242	861	NM
負債合計	2,103	289	1,814	NM
純負債	731	(2,977)	3,708	NM
信用指標				
EBITDA / 金利費用	17.2x	54.4x	NM	
(EBITDA－キャペックス) / 金利費用	12.1x	37.8x	NM	
有担保負債/ EBITDA	0.5x	0.1x	0.4x	
負債合計 / EBITDA	1.0x	0.2x	0.8x	
純負債/ EBITDA	0.3x	(1.8x)	2.2x	
運転資本				
流動資産				
売掛金	2,459	2,307	152	6.6%
在庫	1,054	988	66	6.7%
その他流動資産	616	555	61	11.0%
流動資産合計	**$4,129**	**$3,850**	**$279**	**7.2%**
流動負債				
買掛金	$2,397	$2,236	161	7.2%
未払い負債	$1,208	$1,265	(57)	(4.5%)
流動負債合計	**$3,605**	**$3,501**	**$104**	**3.0%**
正味営業資本	$524	$349	$175	50.1%
営業資本比率				
NWCの売り上げ比%	3.3%	2.5%	0.7%	29.3%
売掛金回転日数（DSO）	56	61	(5)	(8.2%)
在庫日数（DIH）	29	31	(2)	(6.2%)
買掛金回転日数（DSO）	65	69	(4)	(5.8%)

り入れをしたことが要因である。正味ベースでは、デルファイのレバレッジはその巨額の現金残高ゆえにたった〇・三倍であった。一七・二倍というカバレッジレシオ（キャペックス調整後で一二・一倍）も極めて健全である。売上高に対する比率としての正味運転資本（NWC）で測定した運転資本の集約度は二・五％から三・三％へとわずかに上昇しているが、成長の早い企業ではよくあることである。全体としてデルファイのバランスシートは申し分のない状態であった。

ポートフォリオ構築

これまで、われわれは勝てる銘柄を見つけることに集中してきた。だが、各個別のポジションは、広範なポートフォリオの文脈のなかで検討する必要がある。大きなポジションは、リスク・リワード特性という点においてほかの銘柄との相対的なランキングを反映したものであるべきなのだ。また、潜在的なカタリストが発生するタイミングも反映すべきである。要するに、最も確信の持てるポジションがポートフォリオで最も大きい割合を占めるべきである。それと同時に、自らの全体的な投資戦略、目的、リスク許容度にも注意を払うべきである。

勝てるポートフォリオを構築するには、イクスポージャーの水準に注意を払うことが求められる。その第一が個別ポジションの規模で、それがその銘柄からいくら稼ぐことができるか（または損するか）を決定する。また間接的なイクスポージャーにも気を配る必要がある。これは特定のセクター、地域、投資テーマ、為替、コモディティ、金利、レバレッジといったものである。それゆえ、最初にポートフォリオを構築するにあたっては、意識をしないままコモディティや為替に方向性のある賭けをしていないことを確認しなければならない。

イクスポージャーを集中させることに安心を覚える場合もあろう。その一般的な例としては特定の銘柄やセクターや地域をオーバーウエートすることである。同様に、シクリカルな銘柄が近い将来アウトパフォームすると考えているならば、安心してその投資テーマのウエートを上げるかもしれない。

次に、ポートフォリオ構築に関する主たる留意事項について議論する（**図表5－5**）

図表5－5　ポートフォリオ構築の留意事項

ポートフォリオ構築の留意事項	
●投資目的	●為替
●リスク許容度	●コモディティ
●ポジションの規模	●金利
●セクターと地域	●レバレッジの水準
●投資テーマ	

投資目的

初めに明確な投資目的を定めることがポートフォリオ構築の鍵である。何よりもまず目標とするリターンに焦点を当ててみよう。絶対リターンを最大化することが目的なのか、それともS&P五〇〇やMSCIワールド（二〇一九年時点で、MSCIワールド指数は二三の先進国市場の銘柄から構成され、各国の時価総額の上位八五％をカバーする）などのベンチマークに勝つことが目的なのか。二桁の年率リターンを達成することに重きを置くのか、リスク調整後の絶対リターンなのか、インカムの創出なのか、それとも資本保全なのか。具体的な目的が何にせよ、それに合ったポートフォリオを構築する必要がある。

これらの目的はまた時間軸を反映したものであるべきだ。長期に目を向けているのか、つまり三～五年、またはそれ以上か。もしそうであれば、途中に発生する下落をやり過ごすだけの耐久力を持っているのであろう。あるいは、毎月か四半期ごとに頻繁に見直すのだろうか。この場合、ボラティリティの高い銘柄や流動性の低い銘柄は回避することになろう。個人投資家にとっては、個人的な流動性の要件、引退のスケジュール、目標リターンが時間軸を決める役に立つ。外部の資金を運用しており、定期的な報告や解約に応える必要があるとしたら、これはもっと複雑になる。

リスク許容度

リスク許容度は投資目的と直接関係する。インカムを志向する戦略や資本保全の戦略は本質的に、リターンの最大化を目的としたそれよりもリスクは低くなる。

また、自分自身に正直でなければならない。例えば、集中した買いのポートフォリオはいずれの方向にせよ、劇的な変動にさらされる。この手の戦略を最後までやり通すには、自らの気質と確信が必要になる。また、ボラティリティの高い時期をやり抜く長期的な資本が必要となる。イギリスの経済学者ジョン・メイナード・ケインズがこう述べたことは有名である――「市場は、投資家がじっとしていられないほど、長い間不合理な動きをすることがある」。

賢明なポートフォリオを構築するには、当該ポジションのボラティリティやベータを考える必要がある。例えば、小型のバイオテクノロジー銘柄はブルーチップの消費財銘柄よりも必ずベータが高くなる。それゆえ、一つのポジションで起こる大きな下落（またはドローダウン）に耐えられないのであれば、高ベータのボラティリティの高い銘柄に対するイクスポージャーを最小化したいと思うであろう。ポジションの一つで大きなドローダウンが起こった場合は、冷静を保ち、パニックに陥らないようにしなければならない。ボラティリティは機会を生み出すのである。

ポジションの規模

ポジションの規模に対するアプローチは投資家によって大きく変わる。集中したポジシヨンこそが大きなリターンを生む要因だと考える投資家もいる。確信が持てるアイデアがいくつかある――それゆえ、この考え方を推し進める――ならば、それらを支持するのが合理的だ。この哲学を奉じる者としてはエイブラムス・キャピタルのデビッド・エイブラムスやバウポスト・グループのセス・クラーマンが思い出される。しかし、ポートフォリオをより広範に分散することの価値を信奉する者もいる。

集中したポートフォリオを運用していようが、分散したそれを運用していようが、それぞれのポジションが持つ効果をほかのそれと比較してポジションの規模を考えるべきである。ポジションの規模を間違えたら、ポートフォリオを危険にさらす、または有効な上昇を見逃すリスクを負うことになる。

では、自ら選んだ銘柄の規模をどうするのか。五％、一〇％、またはほんの一％の「試し玉」とするべきか。この時点で、当該銘柄に対する確信度はいかほどなのか。株価を大幅に引き上げ得る差し迫ったカタリストがあるのか。リスク・リワードの問題はほかの投資アイデアに比べるとどうか。第４章のステップ４で行った目標株価を求める作業は、自らのポジションのランク付け、そしてそれに対応するポジションの規模の決定には不可欠である。これによって、最も優れた投資アイデアに最も大きなウエートをかけたポートフォリオを構築することが可能となる。

戦術的な視点からすれば、手元資金や投資していない余裕資金を残しておき、市場や当該企業がつまずいたときに機を見てポジションの規模を大きくすることを検討したいところであろう。当初からポジションを最大化してしまうと、将来の下落時、とりわけ市場がパニックを起こした瞬間に買いを入れる能力を失ってしまう。また、時間をかけてポジションを構築することで、投資テーマに対する自信を深めるにつれて銘柄を「調整」することができるようになる。

一方で、最初からポジションを最大化することが正当化される場合もあろう。それには、当初の取得価格が魅力的だという大きな確信があるか、カタリストが差し迫っているがゆえに時間制約がある場合である。

セクターと地域

個別ポジションの規模と同様に、投資家の多くは特定のセクターや地域に対する最大のイクスポージャーに関するガイドラインを持っているものだ。例えば、ハイテク業界に対するイクスポージャーを資金の二〇％未満に制限しているかもしれない。または、ヨーロッパに対するイクスポージャーに上限を設けているかもしれない。

また、集中したポジションとポートフォリオ内のほかのポジションとの相関関係にも注意が必要である。最大のポジションが自動車のOEMであるなら、ポートフォリオのほかの部分では自動車関連業界に対するイクスポージャーを制限したいところであろう。そうすれば、経済や自動車業界の景気循環が突然落ち込んでもリターンを吹き飛ばすことはないであろう。誤解しないでほしいのだが、特定のセクターや地域に強い確信を抱いているならば、オーバーウエートすることもよかろう。ただ、リスクに気を配り、それに応じてポジションを管理すればよいのである。

過度な集中の弊害を思い出させてくれる例は常に存在する。二〇一四年後半から二〇一五年にかけてエネルギー業界に多額の投資をしていた人たちは、原油価格が急落したことでひどい目に遭った。その他の象徴的な例としては、一九九〇年代後半のインターネット銘柄、二〇〇八年の銀行株、二〇一一年のヨーロッパ株、二〇一五年の特殊医薬品会社、二〇一七年の小売業、それらに対する過大なイクスポージャーがある。

投資テーマ

投資テーマとは、特定の企業の戦略や特性を主眼としたアイデアのことである。例えば、魅力的な資金調達環境や市場の支持を考えると、M&Aのプラットフォームがアウトパフォームする可能性が高いことを調査が示しているかもしれない。事業再生、バリュー株、グロース株、高収益企業、底を打った景気循環株がテーマとなるかもしれない。

セクターや地域と同様に、特定の投資テーマに過大に集中すると弊害を招くことになる。M&A戦略について言えば、債券市場の崩壊は一夜にしてそれらの戦略を中断させてしまう可能性がある。同様に、景気循環株の底打ちに焦点を当てた戦略では、タイミングの間違いは許されない。

特定のテーマが人気になると、大衆を引きつける傾向にある。ファストマネーは行くのも来るのもあっという間なのだ。それゆえ、当初それらの銘柄への投資が有効であっても、環境の悪化に極めて脆弱となる。問題が企業特有のものか、市場に基づくものかは重要ではない。自信のない投資家たちが出口に殺到するのだ。事態が悪化した場合、保有を続ける最後の一人とはなりたくないであろう。

為替

為替のイクスポージャーは地域のイクスポージャーの近い親類である。外国での売り上げが多い銘柄からなるポートフォリオでは、為替の変動が利益やパフォーマンスに大きな影響を及ぼす。例えば、ユーロが急落すると、利益の多くの部分をヨーロッパで上げているアメリカ企業の株式は劇的な影響を受けるかもしれない。これは、外国通貨の換算リスクとして知られている。

二〇一四年三月から二〇一五年三月にかけて、ユーロ／ドルが一・四〇から一・〇五へと二五％下落したときに、その古典的な例が発生した。結果として、利益の五〇％をヨーロッパで上げていたアメリカを拠点とする企業は、その間為替の影響だけで米ドル建ての業績が一二・五％も悪化したのである。

個別企業レベルでは、事前にこのリスクを見いだし、分析すべきである。為替の変動が利益や業績にどのような影響を及ぼすかをさまざまなシナリオに沿って理解する必要がある。そして、この方法を、為替の集中が多数の企業にわたって隠れている可能性があるポートフォリオのレベルに拡張するのである。

コモディティ

「コモディティ」関連銘柄は、その本質からしてシクリカリティとボラティリティはより高いものとなる。スーパーサイクルの期待や「今回は違う」という考えが魅力的なのは分かるが、コモディティのサイクルを無視してはならない。幾つかの例を挙げれば、原油や樹脂、銅や鉄鋼の価格の突然の変化は過大なイクスポージャーを持つポートフォリオに大きな打撃を与えるものである。

コモディティのダイナミックな動きは圧倒的な勝者と敗者を生み出す。原油価格の暴落は生産者の利益を損なうが、航空会社や運輸業界を助けるものでもある。同様に、鉄鋼価格の上昇は製鋼工場を後押しするが、自分たちの製品の原料として鉄鋼に依存している製造業者を傷つけもする。この手のイクスポージャーはポジションの規模に上限を設けることに加え、ヘッジを通じて軽減することができる。

金利

金利の動きに対するポートフォリオのイクスポージャーも管理すべきである。リーマンショック後の時代に目撃したとおり、低金利は全面的に強い追い風をもたらすことができる。消費者には貯蓄するのではなく、消費するインセンティブがある。成長のための資本投下や買収や資本還元の資金を賄うために魅力的な金利で借り入れを起こすことができる企業についても同じことが言える。

反対に、金利の上昇を特徴とする金融引き締め政策は景気に逆風となるが、経済成長がない場合にはとりわけ顕著となる。配当利回りの高い銘柄、さらには変動金利で多額の借り入れをしているレバレッジの高い企業はとりわけ脆弱である。借入金による成長、自社株買い、M&Aに依拠したストーリーも影響を受ける。これらの銘柄にオーバーウエートしたポートフォリオは意識を高めておくことが求められる。潜在的な金利の変化に関する新しい情報に直面したらためらわずに行動できるよう準備をしておかなければならない。

レバレッジの水準

レバレッジは諸刃の刃だ。通常の水準であれば株主価値を生み出す強力なツールとなり得る。安価な借り入れは本業の成長だけでなく、ＥＰＳを増大させるＭ＆Ａや株主への資本還元を後押しする。

だが、それがマクロによるものであろうと、企業個別のことであろうと、困難な時期には多額の借り入れは有害なものとなるし、致命的なものともなる。バランスシートのレバレッジが高いままリーマンショックに突入した企業の多くが破産したのだ。キャッシュフローが急減し、満期を迎えた負債の借り換えができないと困難を乗り越えることはできない。生き残る企業もあるが、株主の持ち分はひどく毀損し、回復できるにしても何年もの時間がかかったのだ。

チャーター・コミュニケーションズに目を向けてみよう。何年にもわたり借り入れに頼った買収を繰り広げたあとの二〇〇八年後半、同社のレバレッジは一〇倍近くにまで達していた。それに付随する多額の金利費用に加え、大きなキャペックスが必要になったことが壊滅的な影響を及ぼした。キャペックス調整後のカバレッジは一倍を下回ったが、これはチャーター・コミュニケーションズには金利の支払いを行うに十分な現金がなかったことを意味する。さらに、リーマンショックで資本市場が干上がった際、同社は満期を迎えた負債の借り換えができなかったのだ。二〇〇九年一月、チャーター・コミュニケーションズは金利の支払いができず、破産を申請した。

二〇〇九年一一月に破綻を脱した後、チャーター・コミュニケーションズの信用状態は著しく改善していた。レバレッジは五・五倍まで下がり、レバレッジをさらに低下させるべく信頼に足る道筋を示していた。チャーター・コミュニケーションズは「会社は良いが、バランスシートは悪い」典型的な例である。二〇〇八年後半から二〇〇九年初頭にかけての資本市場の壊滅的な状況を考えれば、誤ったタイミングの犠牲になったともいえる。より生産的な環境であれば、借り換えを行える可能性も高かったことであろう。

個別銘柄とポートフォリオ全体の双方でレバレッジの水準を監視する必要がある。市場が二倍であるのに対して、ポートフォリオ全体のレバレッジの平均が四倍であるとしたら、市場の下落が自らのパフォーマンスに不釣り合いなほどネガティブな影響を与える可能性があろう。

ポートフォリオのまとめ

　ポートフォリオの構築はポートフォリオのリスク管理と連動して進められる。最終的に自らを守るためには入念な下準備が必要となる。**図表5－6**の上の表には、上位一〇のポジションへのイクスポージャーとそのレバレッジが示されている。例えば、ポジション1はイクスポージャーが最大であるだけでなく、そのレバレッジも二・八倍と比較的高い。ポジション2からポジション10についても同じことが予想される。**図表5－6**の右上は、時価総額と流動性に基づいてポートフォリオの銘柄を分類している。ポートフォリオの四〇％以上が、時価総額が二五〇億ドルを超える銘柄で占められている。時価総額が一〇億ドルに満たない銘柄はほんの五％である。流動性については、すべてのポジションが二五日以内に売却できる。そのなかでも七五％は手仕舞うまでに五日もかからない。

　セクター別では、最大のイクスポージャーは通信と一般消費財とハイテクである。地域で見ると、ポートフォリオの六八％をアメリカが占めている。しかし、アメリカ企業のユーロ、イギリス・ポンド、日本円に対するイクスポージャーを考えると、米ドル（ＵＳＤ）

図表5－6　ポートフォリオのスナップショット

ポートフォリオのまとめ

ポジション		レバレッジ	
銘柄	**%**	**EBITDA負債倍率**	**高低**
ポジション 1	10%	2.8x	高
ポジション 2	8%	4.7x	高
ポジション 3	7%	1.4x	低
ポジション 4	6%	1.1x	低
ポジション 5	6%	0.0x	低
ポジション 6	6%	0.3x	低
ポジション 7	5%	1.9x	低
ポジション 8	5%	0.9x	低
ポジション 9	4%	2.6x	高
ポジション 10	3%	2.9x	高
Other	40%	2.0x	低
合計・平均	**100%**	**1.9x**	**低**

時価総額	
規模	**%**
250億ドル以上	40%
100～250億ドル	25%
50～100億ドル	20%
10～50億ドル	10%
10億ドル以下	5%

流動性	
手仕舞いまでの日数	**%**
1日以内	20%
5日以内	75%
10日以内	85%
25日以内	100%
25日以上	-

セクター	
セクター	**%**
通信	20%
一般消費財	20%
エネルギー	-
金融	5%
ヘルスケア	2%
製造業	15%
原材料	8%
日用品	10%
ハイテク	20%
ユーティリティー	-
合計	**100%**

地域	
地域	**%**
アメリカ	68%
カナダ	2%
ヨーロッパ	18%
アジア太平洋	10%
ラテンアメリカ	2%
オーストラリア	-
アフリカ	-
中東	-
ロシア	-
その他	-
合計	**100%**

為替	
通貨	**%**
USD	65%
CAD	2%
EUR	13%
GBP	8%
CHF	-
AUD	-
CNY	-
JPY	5%
HKD	5%
MXN	2%
合計	**100%**

へのイクスポージャーは六五%をわずかに下回る。

図表5－6に示されたポートフォリオの銘柄を見ると、いくつか重要なことが分かる。第一に、上位一〇のポジションが全体の六〇%を占めており、比較的集中していること。それを相殺するように、業界別に分散が図られており、流動性も極めて高い。第二に、ポー

トフォリオ全体のレバレッジは適度なものであるが、いくつかの銘柄はかなり高くなっている。為替のイクスポージャーもかなり大きい。ポートフォリオのうちこれら突然の変化が起こりやすい点を把握したら、前もって調整を行うか、ヘッジをかけることができよう。

ポートフォリオとリスク管理

クラーマンは二〇一二年末の手紙のなかでこう記している。「われわれは個別の投資、そしてポートフォリオ全体で何か間違っていないか常に心配している。誤りを回避し、リスクを管理することに二四時間三六五日を費やしている」。これを実践するための主たるツールを次に示していく。

リスク管理は個別銘柄とポートフォリオ全体の双方のレベルで取り組まれなければならない。各ポジションを監視しなければならないように、株式の集合体全体についても同じようにしなければならない。それにはポートフォリオの全体的な評価と下落リスクを定量化する必要がある。規律ある投資家は、自らのポジションを最適化し、損失から身を守るためのリスク指針を定めている。

多様なファンドや戦略があるように、リスク管理の方法もさまざまである。目標リターン、リスク選好度、ファンドの規模、投資家層、資本の安定性、流動性、予想される保有期間など数多くの要素を検討する必要がある。

効果的なリスク管理の第一歩は、ポートフォリオの主要なポジションを把握しておくことである。自分で分からないことや理解していないことを測定したり、軽減したりすることはできない。図表5－6に示したとおり、特定のセクターや地域や為替に関連するイクスポージャーがある。また、さまざまなシナリオに応じた下落リスクを定量化しておく必要がある。

理想を言えば、当初ポートフォリオを構築している段階で主要なリスクを見いだし、同時にリスク管理戦略を精密に練っておきたい。これは、行動を起こす明確な閾値をもった早期警報システムを構築するということである。例えば、M＆A戦略に基づく投資テーマであるとしたら、資金調達市場が干上がるかどうかにとりわけ注意を払う必要がある。同様に、エネルギー業界へのイクスポージャーが大きいポートフォリオでは、原油価格に対する自らの見立てが変わったら、即座にかつ断固として行動しなければならない。

それゆえ、投資で成功するには枠組みと規律が求められるが、柔軟性も必要である。ダ

図表5－7　ポートフォリオとリスク管理のツール

ポートフォリオとリスク管理のツール

- イクスポージャー制限
- 損切り
- 利益確定
- リバランス
- ヘッジ
- ストレステスト
- パフォーマンス評価

イナミックで、変化を続ける市場においては、新しい情報が出て来たらそれに順応し、自らのポートフォリオを再評価することが非常に重要である。古い考えや基準値に固執するとパフォーマンスを悪化させることになる。

リスクを見いだすことが効果的なリスク管理に必須の第一歩であるなら、それらのリスクを緩和する方法を講じることが第二となる（**図表5－7**）。

イクスポージャー制限

おそらくリスクを管理する最もシンプルな方法は各ポジションの金額や割合に制限を設けることであろう。このイクスポージャーは個別銘柄に関係することもあれば、セクターや地域や投資テーマごとになることもある。規模については、例えば一銘柄がポートフォリオの一〇％以内、または特定のセクターが二〇％以内といった厳格な規則を設けている投資家もいる。一方で、もっと柔軟に、最良のアイデアにはリスクを認識したうえで規模を増やす余地を設けている投資家もいる。

ウォートン校とブース大学の教授による二〇一二年の研究（Cassar, G., Gerakos, J., 2012. How do hedge funds manage portfolio risk?）によれば、ヘッジファンドのおよそ四五％が一つのポジションの金額と資産に占める割合についてガイドラインを設けているという。残りの五五％は何も制限を持たない。厳格なガイドラインがないにしても、多くの投資家が常識と絶え間ざる警戒心を持って集中リスクを管理していることは明白である。

損切り

銘柄選択がうまくいかなかった場合には、損切りのメカニズムを導入すべきである。これは保有する銘柄の株価の下落に下限を設けるもので、それをきっかけに自らの投資テーマに立ち返り、何も変化がないことを確認するのだ。例えば、一〇％下落、一五％の下落という具合である。

目標株価の下限の算出はこの点で特に有効である（第4章のステップ4を参照）。それによって、当初の取得原価に将来の判断が影響されるという罠を回避することができる。特定の銘柄に当初いくら支払ったかなど市場は気にもしないのだ。

株式投資家は、上場株を今日買って、明日売ることができる流動性の高い市場に参加するという贅沢が許されている。これには明白な利点があるが、安全だという錯覚に陥ってはならない。前述の一〇％や一五％下落に沿ったドローダウンのガイドラインが投資家に規律を与え、当該銘柄に対する自らのテーマを再確認することができるようになるのだ。このようなガイドラインは、大幅な利益目標の未達成、ガイダンスのネガティブな見直し、その他の問題によって試されることになろう。

ポジションが予想と反対に動いたら、自らの確信度が試されることになろう。これはどのような投資家にとっても困難なものである。優良銘柄が新しいデータに基づいて売られることがある。そのとき、これが深刻なものか一時的なものかを即座に評価し、判断を下す必要がある。尻に火がついているのだ。いわゆる専門家たちはその銘柄が敗者だと言っているわけだ。ではどうするか。

どのような判断を下そうとも、確証バイアス、つまり自らの投資テーマを支持する情報をチェリーピックすることは是が非でも避けなければならない。損切りのガイドラインはこのバイアスを避け、テーマが「壊れて」いれば冷静に手仕舞うのに役立つ。このようなガイドラインは、適切な監視とリスク評価と相まって、二〇〇七年後半のスピンオフ後のデルファイを評価するうえで非常に重要であった。あらゆる大きなイベントと同様に、投資テーマは再評価される必要があり……そしていくつもの要素が大きく変わっていたのである（事後検証の章で議論している）。ありがたいことに、われわれのシステムはこのような状況にも備えをもたらすことであろう。自らのポジションの一つがうまくいかない場合、常にこう自問しなければならない――「自分は何を見落としているのだろうか」と。

もちろん、再評価の結果、自分が考えていた価値よりもさらに割り引かれており、その銘柄がさらに魅力的なものとなる場合もあろう。この場合、買い増すことが合理的かもしれない。リアルタイムの分析や再評価と合わせ、ガイドラインを厳格に順守する必要があるのだ。

利益確定

今はなき投資家バーナード・バルークは賢明にもこう述べた。「利益を得てお金を失った者はいない」。適切なリスク管理を行えば、ひとたび目標株価に到達したら機を見て利益を確定させることになる場合が多い。これは、さらなる上昇が限られている場合に特に当てはまることである。

また、利益確定は株式が予想よりも早く急騰した場合にも適用される。投資家が向こう三年間の目標株価を一〇〇ドルとして、五〇ドルで株式を購入するというシナリオでは、例えば株価が六カ月以内に七五ドルに達したらいくばくかの株式の売却を検討したほうが賢明かもしれない。また、これによって株価が下落した場合にポジションを増やすための手元資金が得られることにもなる。もちろん、継続保有を支持するような投資テーマに前向きな変化や業績の上方修正がなされる場合もある。

目標株価は、自らを利益確定に誘導し、エゴを抑える重要なツールとなる。投資家が自ら選んだ最良の銘柄に首ったけになるのは人間の性であり、それがアウトパフォームしていればなおさらである。それゆえ、ひとたび目標株価に到達したら、効果的なリスク管理によって、自らさらなる上昇への確信度を改めてはっきりさせることになる。これには更新された情報に基づく新たな、より高い目標株価の設定が不可欠となる。

リバランス

ポートフォリオのリバランスには、全体的なリスク管理と同様の常識とガイドラインの組み合わせが必要になる。企業や市場の新しいデータのみならず、イクスポージャーの上限、損切り、利益確定などに沿って自らのポートフォリオを調整する準備を常にしておかなければならない。

ここでヘルスケアが全体の二〇％を占めるポートフォリオを例にシナリオを考えてみよう。次の三年間でヘルスケアのポジションは一〇〇％上昇し、ポートフォリオの残りは横ばいとする。その結果、ヘルスケアへのイクスポージャーは三三％となる。厳格なリバランスを行えば、過剰な一三％分を配分する先を再考することになる。もちろん、ヘルスケアこそがイクスポージャーをとるうえでは最良であり、オーバーウエートを維持すると判断することもあろう。

もう一つのシナリオでは、大きなポジションで利益を確定し、手元資金を手にする。まずは確信度の高い既存の投資アイデアに資金を配分するかもしれない。代案としては、経過観察のテンプレートにある新しい銘柄、または投資アイデアを生み出す過程で選んだ新しい銘柄に投資することでリバランスすることもできよう。

ヘッジ

ヘッジは一つのポジションにおける潜在的な損失を相殺するためにもう一つのポジションを取ることでリスクを緩和することを目的とする。実際のヘッジには株式のポジションの相殺、オプション、インデックス先物、さまざまなタイプのデリバティブなど多くの形がある。ヘッジは個別銘柄または市場全体特有のリスクを相殺するために用いることができる。

われわれは株式のポジションの相殺と、コールやプットといったオプションの利用を重視している。必ずしも常にヘッジが必要なわけではなく、そうすることが高くつく場合もあるということは記しておくべきであろう。慎重なリスク管理が行われる真に分散したポートフォリオであればそれで十分かもしれない。

ペアリング

ペアトレードはヘッジの一形態で、一つの銘柄を買い、アンダーパフォームするであろうと考える同種の銘柄を空売りすることである。通常、二つの銘柄は同じセクター内にあるか、同じエンドマーケットを対象に事業を行っているかである。一つの買いポジションに対して、見通しの優れない相殺用の銘柄を探すことになる。市場が上下するなかで買いが空売りをアウトパフォームすることで利益を実現することが目的である。

二〇一六年、メディア業界でのペアリング戦略で特にうまくいったのが、①タイム・ワーナー（TWX。タイム・ワーナー・ケーブルと混同してはならない）を買い、②バイアコム（VIAB）を空売りしたものである。タイム・ワーナーが、HBO、CNN、長期のスポーツ放映権、さらにはワーナー・ブラザーズ・スタジオといっただれもが欲しがるコンテンツを保有していたことに依拠した投資テーマであった。オンライン・ビデオの隆盛でタイム・ワーナーのコンテンツを購入する者も増えていたのだ。一方、バイアコムは利用者が平均以上に減少し、格付けも下がり、広告収入も減少していた。

図表5－8　2016年にTWXとVIABに投じた１ドル

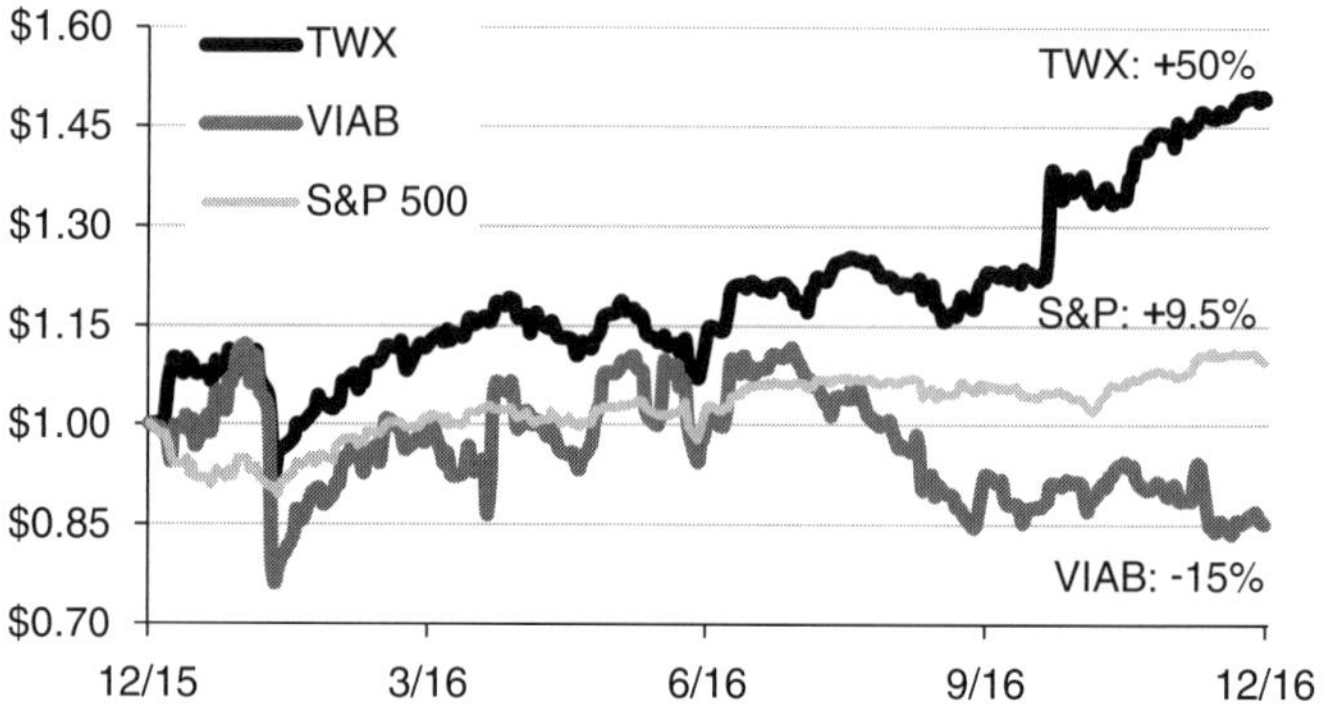

このペアトレードはタイム・ワーナーがアウトパフォームし、最終的にはＡＴ＆Ｔによる買収提案を受けたことでうまくいった。**図表5－8**に示したとおり、二〇一五年末にタイム・ワーナーに投じた一ドルは二〇一六年末までに一・五〇ドルに増大した。同時に、バイアコムに投じた一ドルは〇・八五ドルに減少したので、トレードの両側で大きなアルファ（Ｓ＆Ｐ五〇〇などの市場のベンチマークを上回る超過リターン）を生み出すことになった。タイム・ワーナーを買い、バイアコムを空売りした投資家はこの組み合わせのトレードで一ドルにつき〇・六五ドルを得ることになった。

オプション

オプションは、あらかじめ決められた日までに一定の価格で株式を買う、または売る権利を契約したものである。コールはある株式を決められた価格（行使価格）で満期日までに買う権利のことである。プットはある株式を決められた価格で決められた日までに売る権利である。オプションを利用した典型的なヘッジは、買ったポジションの潜在的な下落に対する保険としてプットを買うことで行われる。

例えば、五〇ドルで取引されている銘柄を保有しているが、短期的には下落リスクがあると考えている。ここで行使価格が五〇ドルのプットを一ドル（コールまたはプットオプションの価格［「プレミアム」］は通常、ブラック・ショールズ・モデルに従って決定される。これはさまざまな入力値に依存するのだが、特に注目すべきは行使価格、満期日、当該株式のボラティリティである）で買ったとしよう。株価が四〇ドルに下落した場合、オプションを行使して、保有する株式を五〇ドルで売却し、九ドルの利益を得ることができる（行使価格五〇ドル－四〇ドル－プレミアム一ドル）。一方、株価が満期日を過ぎても五〇ドルを超えていたら、プレミアムの一ドルを失うだけである。

また、オプションはそれほど大きなリスクをとらずに買いポジションを取るためにも用いることができる。例えば、ある株式が五〇ドルで取引されており、直に実現しそうなカタリストを考えると向こう三カ月で六〇ドルまで上昇すると考えていると仮定しよう。だが、カタリストが実現しなければ、その銘柄は四〇ドルまで下落するリスクがある。

株式を五〇ドルで買って二〇％の下落リスクをとるのではなく、行使価格が五〇ドルの三カ月物のコールオプションを一ドルのプレミアムで買うことができるとしてみよう。このシナリオでは株価が四〇ドルまで下落したら、一ドルを失うだけである。一方、株価が六〇ドルまで上昇したら、その銘柄を五〇ドルで買うオプションを手にしているので、九ドル（六〇ドル－行使価格五〇ドル－プレミアム一ドル）の利益を得ることになるわけだ。

ストレステスト

ストレステストは、さまざまなシナリオまたは「ストレス」下での仮想パフォーマンスを分析するために用いられる。例えば、米ドル、原油価格、金利の大きな変動が保有銘柄に与える影響を分析するといった具合だ。

理想を言えば、ポートフォリオを構築している段階で、個別銘柄とポートフォリオ全体の主たるイクスポージャーを見いだす必要がある。例えば、それぞれの企業の利益のうちエネルギー業界にイクスポージャーがある割合を知っておくべきである。そうすれば、原油価格が一定の割合で変化するとEPSや株価にどの程度の影響を与えるかが分かる。われわれは**図表3－7**において、自動車生産量、ユーロ、銅、原油価格がデルファイの売上高とEBITDAに与える影響を分析している。

株価に与える影響を算出する簡単な方法はPER（株価収益率）を不変（もしくは縮小すると仮定するほうが可能性が高い）とし、それにプロフォーマEPSを掛け合わせることである。すべての個別銘柄についてこれを行い、それを合算することでポートフォリオの下落シナリオを決定するのだ。

ストレステストは先例に従うべきである。原油価格を例にとれば、歴史的な安値（そして、可能性のある下値）に至るまで検証すべきである。また、一定の原油価格を基準にすると企業の株価が歴史的にどのようなパフォーマンスを示したかも調査すべきである。その他の要因（例えば、為替や金利）に基づくポートフォリオのストレステストも同様の指針に基づいて行われるべきである。

パフォーマンス評価

自らの成功を測る能力を持つことが必要である。通常、プロたちは自分たちのパフォーマンスをS&P五〇〇やMSCIワールドといった指数を基準に計測する。自分たちの投資戦略に沿った、より詳細な指数やカスタマイズされた指数をベンチマークとする者もいる。

成功を測るためには、日次、月次、四半期、年次とさまざまな間隔でパフォーマンスを確認する仕組みが必要となる。また、より長いトラックレコードを持つ投資家は、パフォーマンスを三年、五年、一〇年、そして設定来といった具合に測定する（図表5―9）。最終的に、自らの成功はパフォーマンスを投資目的やベンチマークと比較することで判断されることになるであろう。

ベンチマークと比較して結果を見直すときに、アウトパフォームやアンダーパフォームとなった主たる要因を探し出したいところである。これは成功している戦略と失敗している戦略を見いだすのに役立つ。その後、個別銘柄、セクター、投資テーマに関して自らのポートフォリオを必要に応じてリバランスすることができる。例えば、事業再生で選択し

図表5－9　過去のパフォーマンスの図解――ファンドとS&P500の比較

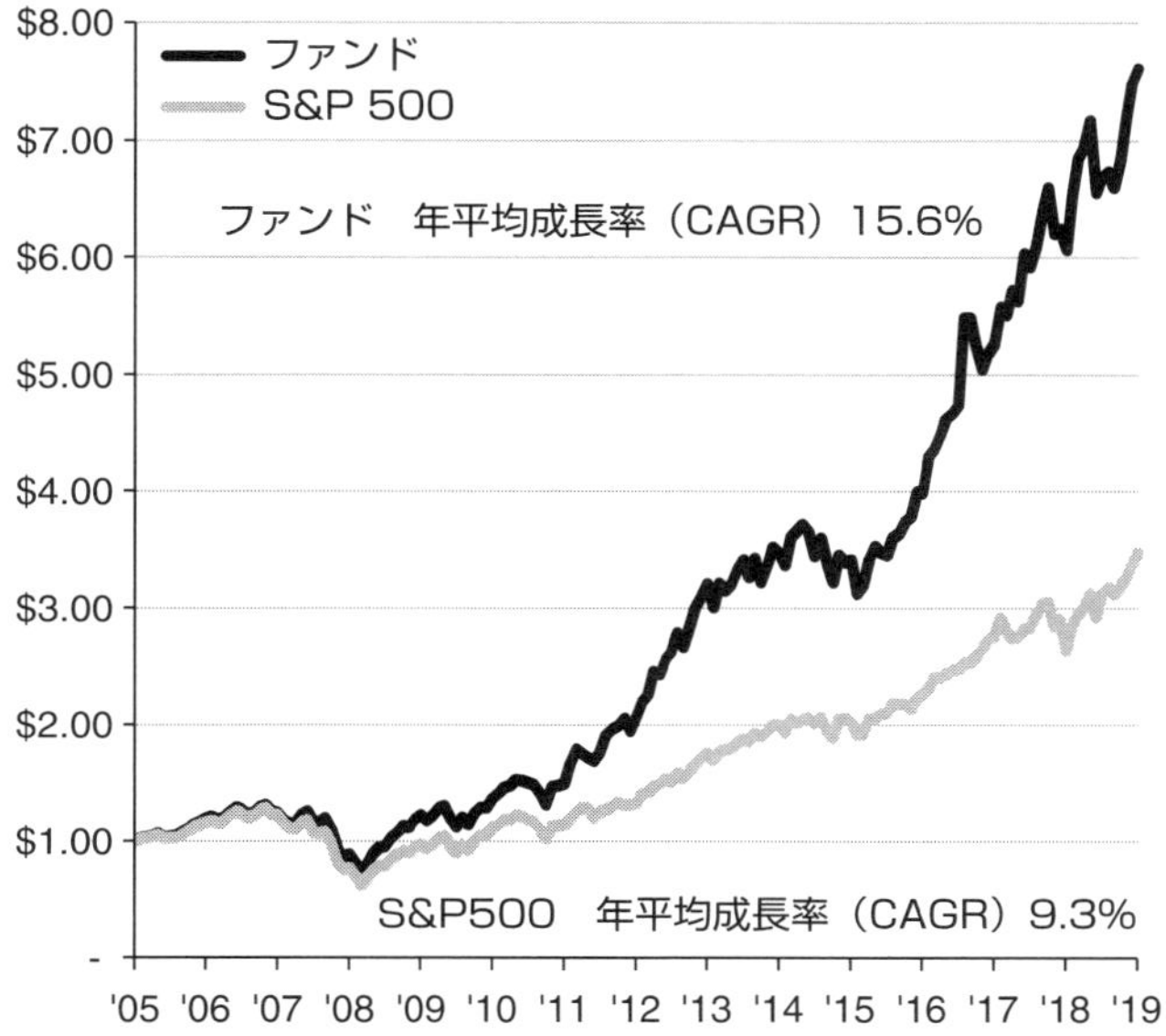

年率リターン

期間	ファンド	S&P
1年	25.4%	31.5%
3年	24.1%	15.3%
5年	17.0%	11.7%
10年	20.0%	13.6%
設定来	15.6%	9.3%

累積リターン

期間	ファンド	S&P
3年	91%	53%
5年	119%	74%
10年	521%	256%
設定来	661%	247%

年間リターン

年	ファンド	S&P
2006	19.3%	15.8%
2007	4.3%	5.6%
2008	(28.7%)	(37.0%)
2009	38.1%	26.4%
2010	11.7%	15.1%
2011	9.3%	2.1%
2012	38.8%	16.0%
2013	54.4%	32.4%
2014	8.3%	13.7%
2015	(1.7%)	1.4%
2016	16.5%	12.0%
2017	32.5%	21.8%
2018	15.2%	(4.4%)
2019	25.4%	31.5%

注＝S&P500のリターンは配当の再投資を前提としている

た銘柄が一貫してうまくいっていることが分かれば、今後もオーバーウエートするかもしれない。もしくは、ヘルスケアがハイテクほどうまくいっていないので、この点に関しては方向転換することもあろう。

長きにわたり成功するためには厳格な規律と基本の順守に合わせた適応力が求められる。自己満足は敵なのだ。一四半期、一年、またはそれ以上の期間で何かがうまくいったからといって、それが永遠にうまくいくわけではないのである。

アンダーパフォームが続いた場合、立ち止まり、一歩退く必要がある。何がうまくいっていないのか、それはなぜなのか。ポートフォリオの戦略全体とリスク管理の手順を見直してみればよい。要するに第1章のステップ1に立ち返り、ポートフォリオを系統立てて再調査し、再構築するわけだ。実際に、分析の結果、既存のポートフォリオはパフォーマンスこそ振るわないがしっかりしたものであることが判明するかもしれない。この場合、最良の戦略はあきらめずにやり抜くことであろう。

この内省的な方法は個別銘柄にも適用できる。ポジションを畳んだらすぐにその銘柄のパフォーマンスがどうであったかを当初のテーマと比較して見てみるとよい。それには何が間違い、何が正しかったのか正直に評価することも含まれる。こうした規律ある方法に従うことが将来の投資における成功につながる。過去と同種の過ちは回避でき、成功した公式を再現することができるのだ。

重要なポイント

- 投資判断には自信が必要である、そのためには確実に宿題をこなさなければならない。
- 会社は良いが、株式は悪いという罠にはまってはならない、適切な購入価格とタイミングが重要である。
- ポジションを構築しても、デューデリジェンスは終わりではない。
- ポジションの規模はその銘柄の相対的なリスク・リワードを反映したものとなる。最も自信のある銘柄のウエートが最も大きくなる。
- ポートフォリオ構築は自らの投資目的とリスク許容度を反映したものである必要がある。

●主要なイクスポージャーを前もって認識し、それに応じたリスク管理戦略を策定しなければならない。
●主要なリスク管理ツールとしてイクスポージャーの制限、利益確定、リバランスがある。
●自らの「テーマ」が崩れたときに損切りをする規律を持たなければならない。
●ポートフォリオを評価することで、自らの手続きや戦略の要素のうち、うまくいっているものまたは手入れが必要なものを見いだすことができる。

デルファイ・オートモーティブ

本書の全般にわたってデルファイ・オートモーティブをケーススタディとして取り上げ、われわれの五つのステップを情報収集、デューデリジェンス、バリュエーション、最終的には株式のポジションの管理にどのように用いることができるか説明してきた。われわれが立ち返ったのは二〇一一年一一月、デルファイが公開したときに投資家が直面した判断である。

それから、二〇一七年一二月のスピンオフを頂点とする、大きな成功を収めた年月を振り返った。この間、投資家はおよそ五倍にもなるリターンをもって報いられた。これに比べ、同期間、競合他社である自動車部品メーカーとS＆P五〇〇はおよそ二倍になった（**図表A－1**）。

図表A－1　デルファイの株価と自動車部品メーカーとS&P500（期首を100とする）

ＩＰＯ（新規株式公開）時のデルファイへの投資判断は数多くの要因に依拠したものであったが、まとめれば、長期的な成長株をシクリカルな価格で買う機会であったということになろう。世界的な自動車市場の回復はその初期段階にあり、デルファイには「安全、環境への配慮、相互接続」を主眼とする強力な長期的ストーリーとともに、中国での魅力的な成長機会があったのだ。これらすべては、世界的に最もコスト効率の高い地域での事業展開と株主価値の創出を迫られた極めて積極的な取締役会・経営陣によって支えられていた。これによって数多くのカタリストが実現する機会が生まれたわけだが、特に注目すべきは予想

を上回る業績、自社株買い、価値を増大させるM&Aである。

株価のパフォーマンスがはっきりと示しているように、核となるテーマの種はデルファイ・オートモーティブがアプティブ（APTV）とデルファイ・テクノロジーズ（DLPH）という二つの会社に分割された二〇一七年一二月に至る年月の間にしっかりと播かれていたのである。そのときまでに、EPS（一株当たり利益）はIPO時の三・二五ドルほどから六・七五ドルまで増大していた。低迷していたPER（株価収益率）もスピンオフまでにおよそ六・七五倍から一五・五倍まで拡大した（**図表A－2**）。

同時に、スピンオフの取引は、それ自体が投資テーマの再評価につながる総仕上げともいえるイベントとなった。まず、スピンオフは別個のビジネスモデル、戦略、経営陣を擁する二つの新しい企業が生まれることから、まったく新たな分析を行う価値を持つ。これは、アクティブセーフティ、インフォテイメント、エレクトリカル・アーキテクチャー、自動運転といった最先端事業に特化したオートテクノロジー企業としてのアプティブの立ち位置を考えればなおさらであった。一方、デルファイ・テクノロジーズは、パワートレインを専業とする自動車部品メーカーとなり、その収益は世界的なパワートレイン需要に大いに関係することになる。まさに、まったく異なる二つの投資テーマが存在したわけだ

図表A－2　IPOからスピンオフまでのデルファイのバリュエーションの拡大

	IPO時点	→	スピンオフ時点
EPS	**3.25ドル**	本業の成長 利益率の向上 自社株買い M&A	**6.75ドル**
	×		×
PER	**6.75倍**	長期的なストーリー シクリカルなリバウンド 経営陣 ポートフォリオの最適化	**15.5倍**
	＝		＝
株価	**22ドル**	→	**103ドル**

……。

さらに、過去六年間にデルファイが二二ドルから一〇〇ドル超まで一気に上昇したことは、利益確定、リバランス、そしてその他の手仕舞いの検討が最優先事項であったことを示している。**図表A－2**にあるように、シクリカルな高値にあったPERは、過去の平均に対しても大きなプレミアムを付けており、またほかの自動車部品メーカーに対しても確かなプレミアムを付けていた。最終段階で、衰えつつあった自動車業界の景気や高まる貿易摩擦の足音などに加え、投資テーマ全体を見直すべき理由は数多くあったのだ。

スピンオフ後、二〇一九年、そしてその後

セクター

二〇一八年、世界の自動車市場は減速し始めた。世界の自動車生産量の予測は、需要の減少、アメリカと中国の貿易面での逆風、そしてヨーロッパにおける新たな排出ガス試験基準などから年間を通して下方修正された。また、コモディティと為替も自動車メーカーの財務パフォーマンスに害を及ぼした。年末までに自動車生産量は前年比で一・〇％減少し、二〇一九年にはさらに減少するというのがコンセンサス予想であった。

自動車関連株はそれ相応の影響を受け、平均的な自動車メーカーは二〇一八年に二〇％以上下落した。業界全体の売り上げと利益予測は年間を通して下方修正され、マルチプルは縮小し、株価にはダブルパンチとなった。

二〇一九年は、自動車生産の予測が下落を続け、最終的には二〇一八年から六％近く減少したことで、当初予想されていたよりも厳しいものとなった。最大の原因が中国経済の減速、貿易面での逆風、ゼネラルモーターズのストライキの影響も含めたヨーロッパと北米における下方修正であることに変わりはなかった。

結局のところ、二〇一九年、自動車関連株はおもに持てる者と持たざる者の物語となったのである。長期的にも大きな機会に関係している企業はアウトパフォームし、マクロの圧力に最も影響を受けやすい企業は苦しみ続けたのである。

次に、二〇一八年から二〇一九年の期間、デルファイ・オートモーティブの二つの後継企業であるアプティブとデルファイ・テクノロジーズにどのような展開が見られたかを議論していこう。

アプティブ（親会社）

スピンオフの後、アプティブは二〇一八年を元気よくスタートした。自動車のコネクティビティ、電動化、安全性、自動運転を核とした同社の長期的な成長ストーリーは投資家の共感を呼んだ。同社の業績は堅調で、先に説明した逆風に頭を悩ませていたほかの自動車業界の企業群からは突出していた。実際に、アプティブは二〇一八年第1四半期から第2四半期にかけてガイダンスを上方修正した。六月中旬までに株価は二〇％以上上昇したのである。

だが、秋になると自動車関連株をとりまくネガティブなセンチメントが強くなり、アプティブの堅調な業績と魅力的なストーリーですら太刀打ちできなかった。二〇一八年第3四半期、アプティブは本業の売り上げが前年同期比で九％増大したが、これはおよそ三％の減少となった自動車生産量に対して一二％の差を生んだことになる。だが、経営陣は、売上高が市場を八～九％ほど上回る六％と素晴らしい増大を示していたにもかかわらず、中国での自動車生産の減速が予想されることから二〇一八年第4四半期のガイダンスを引き下げたのだ。

アプティブの株価は当初の二〇一八年のガイダンスに沿った業績を上げていたにもかかわらず、二〇一八年末までに六月中旬の高値から下落してしまった。ファンダメンタルズで見ると、同社の確固たる長期的な成長ストーリーはいまだ健在で、ほかの自動車部品メーカーとは違いを見せており……最終的にそのストーリーは二〇一九年に報われることになった。

マクロ全体が自動車業界には逆風となっていたにもかかわらず、アプティブは二〇一九年に株式市場の寵児としての立場を確立した。アプティブの長期的な視点に立った事業ポートフォリオと景気循環を通じたより優れた業績が実証されたことで、ESG（環境、社会、ガバナンス）投資やテーマ投資を行う者たちが注目し始めた。そしてアプティブは最も広く保有される自動車関連株の一つとなったのだ。不安定な二〇一九年第1四半期の終わりごろ、同社は評判の投資家向け説明会を開催し、そこで経営陣は同社の持続可能な長期的成長と利益目標、さらには向こう五年ほどの魅力的なビジョンを繰り返し説明した。多くの製造業者や自動車関連企業がもがき苦しむなか、二〇一九年第2四半期の業績が好調だったことで、そのストーリーはさらに信頼されることになった。

その後、二〇一九年九月、アプティブは自動走行技術の実用化を軸とする新たなジョイントベンチャーを現代自動車と設立すると発表した。アプティブの価値を増大させる取引に対する評判に加え、同社のオート2・0に向けた立ち位置がその地位をさらに確たるものとした。年末までにアプティブの株価は一株九五ドルに達したが、これはデルファイ・オートモーティブ全体のスピンオフ以前の一株当たり一〇三ドルに迫るものであり、アメリカのすべての自動車関連株をアウトパフォームし、二〇一八年第4四半期の失地を回復して余りあるものであった。

デルファイ・テクノロジーズ（スピンアウトした企業）

パワートレイン事業で知られるデルファイ・テクノロジーズにとって、マクロの逆風はより顕著であった。デルファイ・テクノロジーズの製品群や地域的なイクスポージャーに関連するさまざまなネガティブな要素が業績の重しになったのだ。ディーゼルエンジンの取引量の減少、ヨーロッパの新たな排出ガス試験基準による製造計画の遅延、そして中国国内市場の突然の失速はデルファイ・テクノロジーズを競合他社に比べ不釣り合いなまでに傷つけるものであった。

さらに業務遂行、ガイダンス、そしてウォール街とのコミュニケーションに関する自ら招いた災いがこれをさらに増幅させた。当初二〇一八年第1四半期の業績予想を引き上げた後、経営陣は二期にわたって四半期の業績予測を引き下げたのだ。このミスガイダンスが投資家からの否定的な反応を悪化させたのも当然である。

おそらく、最も悪い影響をもたらしたのは二〇一八年一〇月五日の同社の発表で、まさに二重の危険といえる瞬間だった。CEO（最高経営責任者。デルファイ・テクノロジーズのCEOは自動車部門［MVL］の買収に伴って参画した人物で、IPO以前の経営陣の一人ではなかった）の突然の辞任を公表したことに加え、デルファイ・テクノロジーズは二〇一八年全体の見通しを大幅に引き下げたのだ。株価はその日だけで一三％近く下落した。

二〇一八年一一月七日に行われた二〇一八年第3四半期の決算報告も、経営陣が期待外れともいえる二〇一九年の見通しを発表したので、投資家をなだめることにならなかった。期待外れの業績とマルチプルの大幅な縮小が相まって、株価は二〇一八年末までに急落したのだ。

市場の予想どおり、デルファイ・テクノロジーズにとって二〇一九年はおおよそ二〇一八年の続きであった。同社は年初に配当を見送り、投資家たちは芳しくない中国のOEM事業や不安定なマクロ環境を切り抜ける能力を同社が持ち合わせていないのではないかと疑った。さらに、デルファイ・テクノロジーズが同社の伝統でもある内燃機関製品から電気自動車向けも含めた新世代製品へ転換しようとしたことで、収益性にも疑義が持たれたのだ。

しかし、二〇一九年末ごろになって、新たな経営陣は多面的な社内のリストラクチャリングに基づいた「自助努力」戦略の遂行に注力し始める。この新たな計画は、エンジニアリングに経営資源の適正化、出荷前検査の改善、SG&Aの削減、主要製品の売り上げ倍増などを含む経営の厳格化を主眼とするものであった。企業側も市場も二〇二〇年をこれらの戦略を実行し始める重要な過渡期と見ていたのだ。

その後、二〇二〇年一月、競合他社であるボルグワーナーが同社を三三億ドル、一株当たり一七・三九ドルで買収すると発表した。この時点で、デルファイ・テクノロジーズの取引前の株価に対して七五％強のプレミアムである。両社の結びつきによって、製品群が補完され、伝統的な内燃機関部品のポートフォリオはより完全なものとなるだけでなく、電気自動車向け部品の製造能力も増大することになる。

第5章のステップ5で議論したとおり、スピンオフ後のアプティブとデルファイ・テクノロジーズの軌跡は適切なリスク管理に関する重要なケーススタディであった。二〇一七年一二月のスピンオフは、デルファイ・オートモーティブに対するもともとの投資にとって明確な変曲点であり、改めて基礎評価を行う必要があった。厳格なポジションの監視、配慮の行き届いたポジション規模、投資テーマの定期的な再検証、時機にかなった利益確定、そして忍耐力こそが大きな投資リターンを生み出すうえでは欠かせないのである。

本書執筆は楽しいものであったが、読者のみなさんにも本書を楽しんでいただけたら幸いである。皆さんはいまやプロの投資家となるために不可欠な要素を身につけているのだ。みなさんが投資で成功することを願っている。

ご質問などがあれば、こちらのｅメールアドレス「josh@investinglikethepros.com」まで。

ジョシュア・パール、ジョシュア・ローゼンバウム

NJ: John Wiley & Sons, 2011.
キャサリン・F・ステイリー著『カラ売りの美学――堕ちる企業を見破るプロの投資術』（日経ＢＰ）
Tracy, John A., and Tage Tracy. How to Read a Financial Report: Wringing Vital Signs Out of the Numbers. 8th ed. Hoboken, NJ: John Wiley & Sons, 2014.
Valentine, James. Best Practices for Equity Research Analysts: Essentials for Buy-Side and Sell-Side Analysts. New York, NY: McGraw-Hill, 2011.
Whitman, Martin J. Value Investing: A Balanced Approach. Hoboken, NJ: John Wiley & Sons, 2000.
Whitman, Martin J., and Fernando Diz. Distress Investing: Principles and Technique. Hoboken, NJ: John Wiley & Sons, 2009.
Whitman, Martin J., and Fernando Diz. Modern Security Analysis: Understanding Wall Street Fundamentals. Hoboken, NJ: John Wiley & Sons, 2013.

Thoughtful Investor. New York, NY: HarperCollins, 1991.
Koller, Tim, Richard Dobbs, and Bill Huyett. Value: The Four Cornerstones of Corporate Finance. Hoboken, NJ: John Wiley & Sons, 2010.
Koller, Tim, Marc Goedhart, and David Wessels. Valuation: Measuring and Managing the Value of Companies. 6th ed. Hoboken, NJ: John Wiley & Sons, 2015.
エドウィン・ルフェーブル著『欲望と幻想の市場――伝説の投機王リバモア』（東洋経済新報社）
Leibowitz, Martin L., Simon Emrich, and Anthony Bova. Modern Portfolio Management: Active Long/Short 130/30 Equity Strategies. Hoboken, NJ: John Wiley & Sons, 2009.
ピーター・リンチ著『ピーター・リンチの株の法則――90秒で説明できない会社には手を出すな』（ダイヤモンド社）
Heins, John, and Whitney Tilson. The Art of Value Investing: How the World's Best Investors Beat the Market. Hoboken, NJ: John Wiley & Sons, 2013.
ハワード・マークス著『投資で一番大切な20の教え――賢い投資家になるための隠れた常識』（日本経済新聞出版）
ハワード・マークス著『市場サイクルを極める――勝率を高める王道の投資哲学』（日本経済新聞出版）
Moyer, Stephen. Distressed Debt Analysis: Strategies for Speculative Investors. Plantation, FL: J. Ross Publishing, 2004.
Montier, James. Value Investing: Tools and Techniques for Intelligent Investment. Hoboken, NJ: John Wiley & Sons, 2009.
Nesvold, Peter H., Elizabeth Boomer Nesvold, and Alexandra Reed Lajoux. Art of M&A Valuation and Modeling: A Guide to Corporate Valuation. New York, NY: McGraw-Hill Education, 2015.
マイケル・E・ポーター『競争優位の戦略――いかに高業績を持続させるか』（ダイヤモンド社）
シャノン・P・プラット著『資本コストを活かす経営――推計と応用』（東洋経済新報社）
Reed, Stanley Foster, Alexandra Lajoux, and H. Peter Nesvold. The Art of M&A: A Merger Acquisition Buyout Guide. 4th ed. New York: McGraw-Hill, 2007.
Rittenhouse, L.J. Investing Between the Lines: How to Make Smarter Decisions by Decoding CEO Communications. New York, NY: McGraw-Hill, 2013.
Rosenbaum, Joshua, and Joshua Pearl. Investment Banking: Valuation, LBOs, M&A, and IPOs. 3rd ed. Hoboken, NJ: John Wiley & Sons, 2020.
Salter, Malcolm S., and Joshua N. Rosenbaum. OAO Yukos Oil Company. Boston: Harvard Business School Publishing, 2001.
Scaramucci, Anthony. The Little Book of Hedge Funds: What You Need to Know About Hedge Funds but the Managers Won't Tell You. Hoboken, NJ: John Wiley & Sons, 2012.
Seides, Tim. So You Want to Start a Hedge Fund: Lessons for Managers and Allocators. Hoboken, NJ: John Wiley & Sons, 2016.
Shearn, Michael. The Investment Checklist: The Art of In-Depth Research. Hoboken,

参考文献と推薦図書

ジャック・D・シュワッガー著『マーケットの魔術師――米トップトレーダーが語る成功の秘訣』(パンローリング)

ベンジャミン・グレアム、デビッド・L・ドッド著『証券分析　第6版』(パンローリングより近刊予定)

ベンジャミン・グレアム著『賢明なる投資家――割安株の見つけ方とバリュー投資を成功させる方法』(パンローリング)

ベンジャミン・グレアム、スペンサー・B・メレディス著『賢明なる投資家【財務諸表編】』(パンローリング)

ジョエル・グリーンブラット著『株デビューする前に知っておくべき「魔法の公式」』(パンローリング)

ジョエル・グリーンブラット著『グリーンブラット投資法――M&A、企業分割、倒産、リストラは宝の山』(パンローリング)

ジョン・ミハルジェビック著『バリュー投資アイデアマニュアル――得意分野を見極めるための戦略の宝庫』(パンローリング)

デビッド・F・スウェンセン著『イェール大学流投資戦略――低リスク・高リターンを目指すポートフォリオの構築』(パンローリング)

アスワス・ダモダラン著『資産価値測定総論1、2、3』(パンローリング)

ジェームズ・P・オショーネシー著『ウォール街で勝つ法則――株式投資で最高の収益を上げるために』(パンローリング)

ブルース・グリーンウォルド、ポール・ソンキン、ジャッド・カーン、マイケル・ヴァンビーマ著『バリュー投資入門』(パンローリングより新版を近刊予定)

ポール・ソンキン、ポール・ジョンソン著『ピッチ・ザ・パーフェクト・インベストメント(Pitch the Perfect Investment)』(パンローリングより近刊予定)

マイケル・バトニック著『ビッグミステイク――レジェンド投資家の大失敗に学ぶ』(日経BP)

Berntsen, Erik Serrano, and John Thompson. A Guide to Starting Your Hedge Fund. Hoboken, NJ: John Wiley & Sons, 2015.

Bruner, Robert F. Applied Mergers and Acquisitions. Hoboken, NJ: John Wiley & Sons, 2004.

Benello, Allen C., Michael van Biema, and Tobias E. Carlisle. Concentrated Investing: Strategies of the World's Greatest Concentrated Value Investors. Hoboken, NJ: John Wiley & Sons, 2016.

Damodaran, Aswath. Investment Valuation: Tools and Techniques for Determining the Value of Any Asset. 3rd ed. New York: John Wiley & Sons, 2012.

Dreman, David. Contrarian Investment Strategies: The Psychological Edge. New York, NY: Free Press/Simon & Schuster, 2012.

Klarman, Seth. Margin of Safety: Risk-Averse Value Investing Strategies for the

■著者紹介

ジョシュア・パール（Joshua Pearl）

ロングショートの株式運用を行うブラフマン・キャピタルのマネジングディレクター。彼はファンダメンタルズに基づいた手法を用いて公開株やスペシャルシチュエーションに特化した運用を行っている。それ以前にはUBSの投資銀行部門のディレクターとして高利回り債の組成やLBO、リストラクチャリングに取り組んだ。UBSに勤務する以前にはモーリス・アンド・カンパニー、ドイチェバンクに勤務していた。インディアナ大学ケリー・スクール・オブ・ビジネスで修士号を修得している。また、『インベストメント・バンキング（Investment Banking: Valuation, LBOs, M&A, and IPOs）』の共著者でもある。

ジョシュア・ローゼンバウム（Joshua Rosenbaum）

RBCキャピタル・マーケッツのマネジング・ディレクターであり、同社のインダストリアル&サービセズ・グループの責任者。彼はM&Aやコーポレートファイナンス、資本市場取引の組成や助言を行っている。それ以前はUBSの投資銀行部門や国際金融公社に勤務していた。彼はハーバード大学で文学士を、またハーバード・ビジネス・スクールでMBAを修得、ベーカー・スカラーを受賞している。『インベストメント・バンキング』の共著者でもある。

レイモンド・アジジ（Raymond Azizi、編集担当）

ワイス・マルチストラテジー・アドバイザーズのファンドマネジャーで、株式のロング・ショート・ポートフォリオを運用している。ラトガース大学で経営学士を、ペンシルベニア大学ウォートンスクールでMBAを修得。『インベストメント・バンキング』の共著者。

ジョセフ・ガスパッロ（Joseph Gasparro、編集担当）

クレディ・スイスのキャピタル・サービス部門のバイス・プレジデントで、オルタナティブ運用を行うファンドマネジャー向けに資金調達やオペレーションの助言を行っている。ゲティスバーグ大学で学士号を、ラトガース大学ビジネススクールでMBAを修得。『インベストメント・バンキング』の共著者。

■監修者紹介

長岡半太郎（ながおか・はんたろう）

放送大学教養学部卒。放送大学大学院文化科学研究科（情報学）修了・修士（学術）。日米の銀行、CTA、ヘッジファンドなどを経て、現在は中堅運用会社勤務。全国通訳案内士、認定心理士、2級ファイナンシャル・プランニング技能士（FP）。『バフェットとマンガーによる株主総会実況中継』『ルール』『不動産王』『バフェットからの手紙【第5版】』『その後のとなりの億万長者』『IPOトレード入門』『ウォール・ストリート・ストーリーズ』『システム検証DIYプロジェクト』など、多数。

■訳者紹介

藤原玄（ふじわら・げん）

1977年生まれ。慶應義塾大学経済学部卒業。情報提供会社、米国の投資顧問会社在日連絡員を経て、現在、独立系投資会社に勤務。業務のかたわら、投資をはじめとするさまざまな分野の翻訳を手掛けている。訳書に『なぜ利益を上げている企業への投資が失敗するのか』『株デビューする前に知っておくべき「魔法の公式」』『ブラックスワン回避法』『ハーバード流ケースメソッドで学ぶバリュー投資』『堕天使バンカー』『ブラックエッジ』『インデックス投資は勝者のゲーム』『企業に何十億ドルものバリュエーションが付く理由』『ディープバリュー投資入門』『ファクター投資入門』『実践　ディープバリュー投資』『M&A　買収者の見解、経営者の異論』『素晴らしきデフレの世界』『配当成長株投資のすすめ』『その後のとなりの億万長者』（パンローリング）などがある。

2021年６月３日　初版第１刷発行

ウィザードブックシリーズ⑶⑴⑷

株式投資　完全入門

――「銘柄→潜在力→財務→事業評価」がわかる銘柄選択の極意

著　者　ジョシュア・パール、ジョシュア・ローゼンバウム
監修者　長岡半太郎
訳　者　藤原玄
発行者　後藤康徳
発行所　パンローリング株式会社
〒160-0023　東京都新宿区西新宿7-9-18　6階
TEL 03-5386-7391　FAX 03-5386-7393
http://www.panrolling.com/
E-mail　info@panrolling.com
編　集　エフ・ジー・アイ（Factory of Gnomic Three Monkeys Investment）合資会社
装　丁　パンローリング装丁室
組　版　パンローリング制作室
印刷・製本　株式会社シナノ

ISBN978-4-7759-7283-0

ウィザードブックシリーズ 220

バリュー投資アイデアマニュアル
得意分野を見極めるための戦略の宝庫

ジョン・ミハルジェビック【著】

定価 本体2,800円+税　ISBN:9784775971888

「あなたの性格に合ったバリュー投資法」を探せ！プチバフェットになるための金鉱を掘り当てる！

本書は、この素晴らしいニュースレターをすべての投資家が体験できる機会であり、バリュー投資の最高のアイデアを探し、分析し、導入するための実績ある枠組みを提供している。100人以上のトップファンドマネジャーのインタビューに基づいた本書は、知恵の宝庫であり、ウォーレン・バフェット、グレン・グリーンバーグ、ジョエル・グリーンブラットといったスーパーバリュー投資家の思考の過程も垣間見ることができる。

本書のテーマである素晴らしいアイデアは、投資の活力の元である。これを読んで、利益につながる新しい独自のバリュー投資のアイデアを生み出す方法を学んでほしい。

ウィザードブックシリーズ 247

ハーバード流ケースメソッドで学ぶバリュー投資

エドガー・ヴァヘンハイム三世【著】

定価 本体3,800円+税　ISBN:9784775972182

バフェットに並ぶ巨人（ウォール街最高の知恵）の手法が明らかに！成功するための戦略と分析と決断と感情

バリュー投資の巨人が、資金を守り、そして増やすために、実際の現場で用いられた投資手法や投資戦略を直接伝授してくれる。バリュー投資家として成功するために、筆者が実際に用いる25の戦略と回避すべき落とし穴とが明らかにされている。本書でつづられている一連の知恵を目の当たりにすれば、経験豊富な投資家が日ごろ取り組んでいることが明らかとなるし、それは読者自身の投資戦略を改善させることになるであろう。